EL CORAJE
DE SER TÚ MISMA

SUE PATTON THOELE

EL CORAJE
DE SER TÚ MISMA

Una guía para superar tu dependencia
emocional y crecer interiormente

www.edaf.net

MADRID - MÉXICO - BUENOS AIRES - SAN JUAN - SANTIAGO - MIAMI
2012

© 2011. Sue Patton Thoele
© 2011. De esta edición, Editorial EDAF, S. L.U. Jorge Juan, 68. 28009 Madrid

Traducción: Elías Sarhan

Editorial Edaf, S. L. U.
Jorge Juan, 68. 28009 Madrid
http://www.edaf.net
edaf@edaf.net

Ediciones-Distribuciones Antonio Fossati, S. A. de C. V.
Calle 21, Poniente, 3323, Colonia Belisario Domínguez
Puebla, 72180, México
Tfno.: 52 22 22 11 13 87
edafdelplata@edaf.net

Edaf del Plata, S. A.
Chile, 2222
1227 Buenos Aires (Argentina)
edafdelplata@edaf.net

Edaf Antillas, Inc.
Av. J. T. Piñero, 1594 - Caparra Terrace (00921-1413)
San Juan, Puerto Rico
edafantillas@edaf.net

Edaf Chile, S. A.
Coyancura, 2270, oficina 914. Providencia
Santiago, Chile
edafchile@edaf.net

5.ª edición, abril 2014

ISBN: 978-84-414-2801-0
Depósito legal: M-48.815-2011

PRINTED IN SPAIN   IMPRESO EN ESPAÑA
Cofas, S. A. Pol. Ind. Prado de Regordoño - Móstoles -Madrid-

*En recuerdo cariñoso
de mi valerosa madre,
Virginia Faris Patton,
quien tenía
un talento especial
para escuchar.*

Índice

Agradecimientos

QUIERO agradecer a mi querida amiga Bonnie Hampton por caminar junto a mí los primeros trayectos de este libro y creer firmemente que podía «ir sola». También muchas gracias a Joyce McKay, Polly Ostrofe e Irene Frazier por su comprensión, experiencia y valioso tiempo. Estoy muy agradecida a mis editoras Julie Bennett y Mary Jane Ryan, quienes me guiaron con sabiduría y determinación y gentilmente publicaron mi obra. Por la inspiración que me dieron, deseo expresar mi reconocimiento a cada uno de esos escritores cuyas palabras he citado aquí. Un agradecimiento especial a mi esposo, Gene Thoele, por todo su amor, apoyo y entusiasmo. ¡Me colmó de abrazos cuando estaba maltrecha por la frustración y la fatiga y, además, es divertido vivir con él!

Prólogo

L A raíz de la palabra «coraje» viene del latín *cor*, que significa «corazón». En este libro Sue Patton Thoele da valor o motiva al lector ante las dificultades y desafíos relacionados con el miedo y la dependencia emocional. Guía a las mujeres a través del des-a-liento de su ser, de los otros y de la sociedad, hacia la autoestima personal.

Como especialista en la autoestima, valoro este libro porque la gente que padece de dependencia emocional tiende a subestimarse. Tratan de dar sentido a su vida a través de lo que hacen, cómo lo hacen, cómo se ven, cómo son con los demás, cuánto tienen. Esperan que los demás lo sepan y lo aprueben; solo después se sentirán bien. Como personas complacientes y necesitadas de aprobación, no tienen control de su autoestima.

A medida que acrecentamos nuestra autoestima personal, nos volvemos más condescendientes con nosotras mismas. En vez de necesitar impresionar, agradar o probar a los demás que nos encontramos bien, nos reafirmamos en nosotras mismas y nuestra autoestima crece.

Todos buscan ejemplos a seguir. En *El coraje de ser tú misma*, la autora empuja, inspira y apoya a las mujeres para llenar sus huecos de desarrollo a fin de que puedan conseguir su perfeccionamiento. Compartiendo sus luchas, tiempo y conocimientos, Sue Thoele alumbró y modeló el sendero del coraje para todas.

Doctora LOUISE HART
Autora de *La familia ganadora: Aumente
la autoestima en sus hijos y en usted misma*

PRIMERA PARTE

Hallar el coraje de ser tú misma

Introducción

*E*L *coraje de ser tú misma* surgió de pequeños grupos y seminarios, guiados por mí misma y por mi querida amiga Bonnie Hampton. Trabajamos con los miedos y las dependencias emocionales comunes en las mujeres. Nuestra meta es proveer sencillas, pero poderosas herramientas para ayudar a las mujeres a crecer lejos de esas dependencias emocionales. En nuestros grupos y seminarios compartimos técnicas y percepciones que ayudan a muchas mujeres mediante prácticas de psicoterapia y también nos apoyan en nuestro constante camino hacia la obtención del coraje de ser nosotras mismas.

Uno de mis mayores logros al escribir este libro fue ayudar a las mujeres a amarse y apreciarse a sí mismas —para descubrir lo maravillosas que somos—, porque a menudo sentimos la obligación de subestimarnos. Me he sentido gratificada por las cartas recibidas de mujeres que, al leer *El coraje de ser tú misma,* lograron quererse y aceptarse más que antes y les dio el valor de continuar intentándolo, aunque el camino fuera difícil.

En los cuatro años desde que el libro se publicó por primera vez, aprendí mucho de mis lectoras, tanto que quise incorporar no solo lo que había aprendido a través de mi propia andadura, sino también lo que había descubierto de las mujeres con las que tuve el privilegio de tener contacto.

Cada una de las historias reales y ejemplos relatados en este libro describen una importante gama de experiencias femeninas en el aprendizaje de ser ellas mismas. Las historias prueban que nosotras, las mujeres, podemos tener el coraje de ser únicamente nosotras mismas —esa independencia emocional es, de hecho, nuestro derecho innato, nuestro privilegio y nuestra responsabilidad.

CAPÍTULO 1
Coraje: ¡Tú puedes tenerlo!

*He conocido mujeres valientes
que exploraron los límites de la
posibilidad humana, sin ninguna
historia que las guiara y con el
coraje de hacerse vulnerables,
que no encuentro palabras
para alabarlas.*

GLORIA STEINEM

¿SE encuentra usted frecuentemente complaciendo los deseos y necesidades de otros sin haber alcanzado los suyos propios? ¿Los apremios de tiempo y la gente difícil la dejan extenuada? ¿Se siente usted demasiado ocupada y poco apreciada? ¿Tiene que lidiar con sus propios miedos? ¿Es usted más una enemiga que una amiga para consigo misma?

A pesar de los enormes cambios sufridos en los últimos cincuenta años, muchas mujeres todavía contestarán «sí» a estas preguntas. Muchas veces nos encontramos apresadas en la telaraña de nuestra dependencia emocional, con miedo de expresar quiénes somos realmente.

¿Qué es la dependencia emocional?

Se llama dependencia emocional a la necesidad de tener a otros para sobrevivir, querer que «otros lo hagan por nosotras» y depender de otros para poder percibir nuestra propia imagen, tomar nuestras propias decisiones y que se encarguen de nuestro bienestar económico. Cuando somos emocionalmente dependientes, miramos hacia los demás para recibir nuestra propia felicidad, nuestro concepto del «yo» y nuestro bienestar emocional. Sacrificamos lo que realmente queremos y necesitamos por el miedo a ser rechazadas, abandonadas o confrontadas.

Ser emocionalmente dependientes nos pone a merced de nuestros propios miedos y de los caprichos de los otros, y nos limita seriamente en la obtención de la libertad de ser nosotras mismas. Cuando somos emocionalmente dependientes, creemos que son los otros los que tienen la llave de nuestro propio bienestar, que ellos deben saber mejor qué es lo bueno y lo malo para nosotras.

O creemos que, para poder ganar o retener el amor de alguien, debemos regalar nuestro yo.

Antes de que hubiera oído el término *dependencia emocional* sabía que, de alguna manera misteriosa, entregaba mi vida a otros. No importaba realmente quiénes fueran —mis padres, marido, hijos, amigos o compañeros de trabajo—. Si ellos estaban contentos conmigo, entonces yo podía ser feliz. Si ellos me aprobaban, entonces yo valía la pena. Si ellos me otorgaban permiso, entonces estaba bien que hiciera o fuera algo. Miraba hacia los demás para obtener «El sello azul de calidad», antes de adquirir la suficiente confianza en mí misma para hacer algo o poner un límite. No era yo, solo era ese ser que creía la otra persona a quien quería agradar, quienquiera que fuese. Como no era adivina, aunque me fragmentara en mil formas distintas, no alcanzaba a contentar a todos todo el tiempo. Pero lo intentaba. ¡Eso es dependencia emocional! Denegando o sacrificando nuestro propio ser en aras de los deseos de los demás —o lo que percibimos como sus deseos—, esto nos deja sin «yo». Sin nuestro propio conocimiento interior, sin el coraje de expresar quiénes somos realmente y el deseo de manifestar lo que no nos gusta y la excitación que provoca, no vivimos realmente. Solo estamos viviendo como espejos, reflejando la vida de los demás. Hasta que seamos capaces de ser nuestros únicos y hermosos (y algunas veces feos y mundanos) seres, no podemos realmente amarnos a nosotras mismas o a otros, y se trata del amor a la vida.

¿Por qué tantas mujeres tienen problemas con la dependencia emocional? Como han demostrado muchos investigadores, principalmente Carol Gilligan en *In a different voice*, las mujeres tienen una profunda necesidad de una emocionalidad conectada e íntima. Esto no es malo. De hecho, esta necesidad es lo que nos hace maravillosas amantes, amigas y madres. Pero cuando esta necesidad no se equilibra con la posibilidad de ser nosotras mismas, podemos tornarnos emocionalmente dependientes, perdiendo así la propia visión de nosotras mismas y todas nuestras capacidades.

Tememos cualquier cosa que pueda amenazar nuestra conexión con los demás. Estar desconectada es un sentimiento amenazador y, por ende, nos aterroriza. Por nuestros terrores, a menudo hacemos exactamente lo que tememos otros harían: nos abandonamos, dejando de lado en nuestra vida personal los desechos de nuestros deseos incumplidos, metas y talentos.

Temor —a no ser amadas, al abandono, a ser consideradas egoístas— es el eslabón que nos mantiene encadenadas a nuestra dependencia emocional. Por esto, nuestros dos objetivos más difíciles son, realmente, creer que está bien ser nosotras mismas, aprender a caminar libremente y curar nuestros miedos. Hasta hace algunos años, yo era impulsada por mis temores. Por ejemplo, sentía un profundo recelo a ser rechazada u ofender a alguien; y hacía grandes esfuerzos para evitar desacuerdos de cualquier índole. Pero muy pocas personas que me conocían hubieran dicho: «¡Ahí tienes a una mujer realmente temerosa!». Lo ocultaba bien. Y así, como lo vería luego, lo hacían otras tantas mujeres.

Desgraciadamente, muchas de nosotras hemos permitido que el temor nos bloqueara la visión de nuestra fuerza natural. Yo misma era una maestra en ello. Aunque otros me percibían como una persona independiente, frecuentemente sentía que estaba representando el papel de una persona mayor. Otros me veían como una persona madura y de éxito, pero yo no me engañaba a mí misma; interiormente, me sentía vapuleada según el humor de los demás, una simple hoja en una tormenta. Sabía que no me había responsabilizado de mi propia vida, tenía miedo de hacerlo.

Aunque tenía un graduado superior en psicología y poseía mi propia consulta desde hacía varios años, íntimamente me sentía «solamente esposa y madre». Seguramente, había desempeñado el trabajo de una persona adulta, encabezando grupos y atendiendo pacientes, pero interiormente me sentía como una niña pequeña, disfrazándose para desarrollar estos personajes, esperando ganar la aprobación de los demás.

¿Qué cambió? ¡Mucho! Cumplí cuarenta años, conocí a una maravillosa amiga que no permitía que me autoengañara, y, lo más importante, comencé verdaderamente a escucharme a mí misma. Cada uno de nosotros tiene «una vocecilla interior» que nos habla continuamente. El problema es que pocas veces la escuchamos. Sin embargo, si la dejamos, nuestro auténtico yo interior puede guiarnos sin error. Usted también puede escuchar la voz interior que la ayudará a tener el coraje de convertirse en el ser que verdaderamente es.

Coraje: Una novedad cotidiana

¿Qué es exactamente el coraje? Coraje es la habilidad de hacer lo que es necesario, o sentir lo que es necesario sentir, a pesar del miedo.

Es el deseo de poder arriesgar o actuar a pesar de nuestro temor o dolor.

Si desea ser emocionalmente independiente y tener más coraje, puede hacerlo. De hecho, usted ya posee una buena dosis de ello. Pocas veces pensamos en el mucho valor que ejercitamos ante las situaciones simples, «normales», como: dar a luz, ir a trabajar día tras día, mantener relaciones sociales. Hay que tener coraje para enamorarse, ser honesta consigo misma, sobrevivir a una pérdida, mudarse de casa, compartir algún miedo con alguna amiga, pedir aumento de sueldo, divorciarse, conseguir un empleo que sea un desafío o decirle a alguien que estamos enfadadas o vulneradas. Pruebe a escribir una lista de las cosas que ha hecho, aunque sentía miedo. Esos fueron actos de coraje.

A veces, ¡el simple hecho de levantarnos por la mañana y continuar con nuestra vida conlleva un enorme coraje! Por tanto, espero que usted vea ahora que lo tiene.

Ser valientes y movernos para tratar de alcanzar un mayor conocimiento de nuestro auténtico ser interior es un proceso natural. ¿Qué es lo que nos permite conocer ese potencial de valor? ¡El miedo! ¿A qué tememos? A lo desconocido, a cualquier cosa que en el pasado nos haya causado dolor o cualquier cosa que nos parezca arriesgada y peligrosa. De hecho, el riesgo tiene también otra cara. Con la actitud correcta, podemos asumirlo como algo excitante y creativo. El riesgo se asume para cambiar, y los cambios son necesarios para crecer. Crecer es inevitable. Crecemos, pero ¿será hacia la libertad o hacia el temor? Para poder ser libres, debemos aprender a escuchar nuestros temores para no permitir que controlen nuestras vidas.

Exteriorizar dichos temores y poder hablar de ellos, sinceramente, nos ayuda a trabajar a través de los mismos. Un temor inconfesado es más poderoso que uno compartido. El problema es que tememos hablar de ellos porque pensamos que los demás nos verán como seres excesivamente emocionales, inmaduras o tontas. Así que callamos, creando un mundo interior en el cual nos condenamos por sentir lo que sentimos y creemos ser las únicas personas temerosas que conocemos.

Nuestro miedo crea un ambiente de minusvalía que nos aísla. Pero en cuanto nos arriesgamos a hablar de nuestros miedos y encontramos que son aceptados por otros, pierde su poder.

La jaula codependiente

Por primera vez en mi matrimonio tengo la voz de la igualdad en nuestras vidas. Nunca sabré cómo me permití que no fuera así. Finalmente, crecí y decidí que no necesitaba la guía o liderazgo de un padre; lo que yo necesitaba era un amigo, y eso es lo que tengo en Robert: un queridísimo mejor amigo.

MARY TYLER MOORE

En los años transcurridos desde que se publicó *El coraje de ser tú misma* se ha escrito y enseñado mucho sobre la dependencia emocional, utilizando el nombre de *codependencia*. Ese término se asocia frecuentemente a una relación con una persona con dependencia de las drogas o el alcohol. Pero va más allá de esto. Podemos ser codependientes con nuestros maridos, hijos, compañeros de trabajo: hasta con el perro o el periquito.

Ser codependientes significa que constantemente anteponemos las necesidades, deseos y demandas de los demás a las nuestras —en otras palabras, dependencia emocional—. En vez de ganar nuestra propia estima, nuestra automotivación y propia valía, nos apoyamos en otros para conseguir estos sentimientos para nosotras. Cuando entregamos nuestras vidas a otros o a otras cosas, estamos en una jaula codependiente. En dicha jaula nos ahogamos en autoprohibiciones y depresión.

Si usted siente que tiene el dedo enganchado en la «cojaula», tenga coraje y busque una amiga o un grupo de gente que pueda ayudarla a ser libre. Vivir una condena de por vida como codependiente es tanto como una pena de muerte emocional. Huir de dicha jaula es como escapar hacia la vida. Tengo toda la confianza en que usted lo puede hacer. Si yo, que pasé muchos años mirando a través de las rejas de la codependencia, deseando obtener la libertad, la autonomía e independencia emocional, pude hacerlo, usted también puede.

Encontrando el camino hacia nosotras mismas

Todos sabemos que las mujeres tienen una tendencia, en mayor o menor grado, a ser emocionalmente dependientes en sus relaciones con los demás. ¿Cómo podemos liberarnos de este cepo?

Me encanta ese proverbio irlandés que dice: «Tú tienes que crecer, no importa cuán alto era tu abuelo». Es cierto.

Todas creceremos eventualmente, así que, ¿por qué dejar que el miedo nos reduzca a no tener acciones? Una excelente manera de sobrepasar esa parálisis que frecuentemente acompaña al miedo es unirse a un grupo de mujeres que están trabajando por vuestros objetivos. Hay encuentros sobre codependencia, alcohólicos y anónimos y otros grupos de apoyo. Se pueden localizar informándose en el centro de salud de tu barrio, Alcohólicos Anónimos o preguntando a amigos. Lo más importante que aprenden las mujeres en nuestros encuentros es a hablar abiertamente de sus sentimientos. A medida que compartimos nuestras carencias, secretos, miedos, rechazos, alegrías y desengaños, percibimos que no estamos solas. Salir de nuestro aislamiento nos permite tomar plena conciencia de nuestros sentimientos y luego poder analizarlos.

Katy, una adorable y delicada mujer, me confesó con pudor que yo no adivinaría jamás lo que había descubierto en uno de nuestros seminarios. Estaba segura de que estaría horrorizada y sorprendida al saber que el mayor problema de su vida estaba relacionado con su marido. Por supuesto, no estaba ni sorprendida ni horrorizada. Conocí a su marido y es un hombre bueno. Pero también sé que muchas mujeres relacionadas con hombres buenos se sienten estresadas con ellos. En el caso de Katy la certeza de que no estaba sola en sus sentimientos y que no era una persona terrible por tenerlos le dio la libertad de poder aceptar lo que realmente sentía.

Saber y aceptar nuestros verdaderos sentimientos es esencial para poder progresar en nuestra dependencia emocional. Ser emocionalmente dependientes conlleva una enorme carga de coraje, porque nos han enseñado a creer que nuestro papel natural es ir unidas a otras personas —una ayuda, no un igual—. Sin embargo, el concepto de desigualdad es obsoleto. Tener el coraje de ser lo que realmente somos es nuestro derecho innato. Entonces, en ese caso, ¿por qué es tan difícil para muchas de nosotras poder ser *nosotras mismas,* disfrutar de la independencia emocional y obtener así una relación igualitaria? Establecer nuevos patrones y comportamientos es siempre difícil; naturalmente, gravitamos hacia lo conocido; aunque sea incómodo, nos otorgamos a nosotras mismas permiso para navegar en aguas desconocidas de independencia emocional, y crear nuevas pautas para nuestras vidas supone coraje y compromiso.

Aunque muchas veces nos resulte difícil dejar los viejos hábitos de preguntar: «Mamá, ¿puedo?» (o madre, o padre), vivimos en un tiempo sin precedentes en oportunidades para poder tomar nuestras propias decisiones —ser nosotras mismas—. Mientras desenmarañamos nuestras dependencias emocionales, aprendemos que nadie nos puede llenar con autoestima, independencia y el sentido de valoración de nosotras mismas más que nosotras; con la ayuda de lo que podemos interpretar como Manantial Mayor.

¡Otra pieza clave en el rompecabezas del coraje-de ser-tú misma es ¡darnos cuenta de la conexión más esencial e importante que podemos hacer nosotras mismas! Últimamente hemos oído eso tantas veces que lo entendemos, pero es tan difícil creerlo realmente en nuestros corazones porque nos han mentalizado que nuestros compromisos son para con los demás y nuestro trabajo es el autosacrificio. Una vieja creencia con la que las mujeres crecemos es la de que estamos en último lugar, si es que estamos. Sin embargo, sin un profundo autocompromiso no podemos relacionarnos sanamente con otros.

Desear que mi dependencia íntima y mis sentimientos de inseguridad pudieran igualar mi imagen independiente y triunfadora fue difícil. Comencé a buscar caminos para liberarme del tirano del miedo y aprender a expresarme tal cual era. Ha sido una gran aventura —algunas veces era aterrorizadora, otras excitante, pero siempre educativa—. Desde que comencé mi propia búsqueda para encontrar a Sue, me siento viva.

Ser emocionalmente independientes no significa que seamos egoístas yególatras o que no demos acceso a los demás. Significa que estamos centradas en el conocimiento de quienes somos —ya no estamos fragmentadas por nuestras irreales demandas o las de los demás—.

Una mujer emocionalmente independiente es una mujer más feliz, más amante y dadivosa. Mientras vamos encontrando la libertad de expresar quiénes somos realmente, solas, creamos un clima a nuestro alrededor en el cual otros también pueden crecer y curarse. Liberadas del tormento de mirar hacia fuera, para recibir aprobación, y sintiéndonos poderosas por tener nuestra propia identidad, tenemos más para dar. Además, nuestra vida se enriquece por un sentimiento de ligereza y espontaneidad.

El coraje de ser tú misma está lleno de métodos prácticos y probados para ayudarla en su búsqueda por vivir auténtica y felizmente, expresando quién es verdaderamente. Al poner en práctica los conceptos y paradigmas en estas páginas, usted tomará conciencia de sus miedos y aprenderá a combatirlos. Liberada de las cadenas del miedo, podrá permitirse ser dueña de sí misma y vivir al más alto nivel. *El coraje de ser tú misma* no contiene respuestas exactas, está lleno de ideas y ejercicios diseñados para ayudarla a salir de su dependencia emocional, hacia la independencia.

Mientras progresamos, podemos desear volver a la fantasía fácil, aprobando ser emocionalmente dependientes, que nuestros hombres cuiden de nosotras, que es suya la responsabilidad de protegernos y mantenernos. Realmente, asumir que nosotras debemos ganarnos nuestro sustento es aterrorizador; pero también nos da una sensación de liberación percatarnos de que podemos ser independientes, tener confianza y autocontrol. Todos —hombres y mujeres— estamos llamados a madurar, a asumir nuestra propia responsabilidad. Como adultos, tenemos más capacidad para amar, independientemente, interdependientemente y con felicidad.

Nosotras, las mujeres, somos maravillosamente valientes: poseemos todo para sobrepasar nuestros temores internos al dragón del miedo y podemos vivir nuestras vidas expresando nuestro verdadero «yo». He tenido el honor de hacer el camino con muchas mujeres valientes mientras domaban a sus dragones, superaban obstáculos y trampas que en el pasado casi habían destrozado la fe en sí mismas.

Usualmente enseñamos que debemos aprender al máximo, y ciertamente este es mi caso.

Por tanto, mientras lee estas páginas, sepa que andamos juntas. Viva dulcemente consigo misma mientras continúa su trayecto hacia ser su auténtico «yo». Sea paciente consigo misma y no trate de hacerlo sola.

CAPÍTULO 2
Facetas de la dependencia emocional

*La identidad pública de
una mujer es su marido,
y la privada,
sus hijos.*

VIRGINIA WOOLF

LA dependencia emocional tiene muchas facetas y puede levantar sus deprimidas cabezas de muy diferentes maneras: cada vez que nos despedimos de alguien que se siente utilizado o abusado —cuando no fuimos capaces de establecer nuestros limites o no supimos sostener nuestras propias creencias— podemos apostar que hemos actuado, o no, desde un espacio internos de dependencia emocional. Cuando nos encontramos creyendo que no está bien tener un «yo» que viene primero —o por lo menos parte del tiempo—, cuando sabemos que nuestro concepto del «yo» es verdaderamente «otro» concepto, o cuando contenemos nuestros sentimientos para contentar a otro, hemos llegado indudablemente a encararnos con una faceta de nuestra propia dependencia emocional. En ese momento es bueno preguntarnos: ¿A qué tuve miedo que me hizo actuar así?

«¡Yo tengo derechos!»

Las mujeres están despertando al hecho de que sí tienen derechos, emocionales y prácticos, que es correcto y hasta saludable cuidar de nosotras mismas y de nuestras propias necesidades. Estamos comenzando, tentativamente y a veces militantemente, a actuar de acuerdo con estas realizaciones. Tengo un cómic que describe este difícil proceso: una mujer está sentada con un hombre ante una mesa en un restaurante. Ella dice: «¡Yo tengo independencia! Pido lo que necesito y soy responsable de mi vida». En el cuadro final ella se estira por encima de la mesa, lo agarra por los hombros y pregunta con angustia: «¿Estás de acuerdo?».

A través de la historia se ha considerado a las mujeres como colaboradoras del hombre, secretarias y apoyos morales. *Detrás* de todo hombre de éxito, se dice, hay una buena mujer. Afortunadamente, vivimos en una época en la cual ese dicho está pasado de moda, modificándolo por: Lado a lado van los hombres y mujeres de éxito.

Aunque podemos aceptar y creer en nuestra igualdad con profunda convicción, muchas veces debemos elaborar nuestra propia habilidad para conservar nuestros límites y fronteras, para sostener nuestros derechos y realmente sentir que podemos esperar buenos tratos, como bondad, respeto y atenciones. Mientras aprendemos a establecer límites reales y fronteras, podemos comenzar a expresarnos de una manera nueva y creativa.

Nuestro deseo de igualdad está cambiando de expresión: de una posición llena de dudas, y consecuentemente beligerantes y defensivas, a expresarnos con una profunda y firme comunicación interior de que somos iguales y que nuestro derecho a manifestarnos es igualmente incuestionable.

¿Qué son límites y fronteras?

Una mujer emocionalmente independiente conoce y hace conocer sus límites. Puede quedarse dentro de las fronteras de lo que sabe que es bueno para ella, tanto en su vida pública como privada.

Desde que se permite a sí misma ser auténtica, puede decir no sin sentirse culpable, o por lo menos con la menor culpabilidad posible, para conservar lo que sabe es mejor para su salud y bienestar.

Tener independencia emocional significa que ya no nos encontramos atadas a la constante necesidad de aprobación y, por tanto, no obligadas por nuestra necesidad de agradar a los demás y así forzadas a hacer más de lo que deseamos hacer.

Vamos a estudiar la idea de límites y fronteras por la puerta falsa. ¿Se ha encontrado alguna vez permitiendo a la gente darle un trato que, secretamente, usted consideraba inaceptable?

Como paradigma, ¿ha permitido alguna vez que la traten ingratamente, de forma irrespetuosa, que la haya hecho sentir infravalorada? Yo venía de una familia donde el hecho de importunarse era una manera de relacionarse. Lo odiaba y me sentía herida cada vez que lo hacían. No pedía que dejaran de hacerlo porque temía que, al poner un límite, haría que me importunaran más aún o (¡oh, horrores!) provocaría que me rechazaran o ignoraran. Finalmente, como adulta, me fue posible manifestarles que ese tormento no era aceptable para mí. Sin ningún problema dejaron de hacerlo. Cuando creemos por encima de todas las cosas que no debemos ser sometidas a tratos inaceptables, y manifestamos nuestros límites claramente, probablemente estos no continuarán.

Siempre que recibimos ese trato en silencioso sufrimiento, o rogamos y pedimos, sin conseguirlo, que se nos trate mejor, estamos ignorando nuestros límites y esto permite que los demás invadan nuestras fronteras de autoestima.

Cuando otros necesitan de nosotras, siempre llaman «a la buena de...», ¡y saben que usted responderá, ¡aun cuando esté recién llegada de hacer una terapia intensiva!

Dejar que la gente abuse de usted es no respetar sus límites. Si decimos sí, cuando en realidad deseamos decir no, no estamos comunicando nuestros límites con honestidad, y nos estamos preparando para sentirnos resentidas, hostiles y deprimidas. Las mujeres que hacen esto tienden a adoptar uno de los *modus operandi*, retraerse de todos o enfadarse. No ser honestas con los límites y fronteras personales crea la sensación de traición, enfado, indefensión y confusión, no solo para con los demás, sino con nosotras mismas.

En nuestros corazones probablemente sabemos que hemos permitido que el miedo se apoderara de nosotras y no nos permitiera poner coto, así que cuando autorizamos que se pisoteen nuestras fronteras y límites, corremos el riesgo de perder el respeto por nosotras mismas.

Aprender a defendernos y hacer respetar esas demarcaciones y fronteras abarca, primero, darnos cuenta de que están abusando de nosotras; segundo, dándonos *permiso* para honrar esos términos y confines, y tercero, explorando y curando los temores que nos permiten continuar viviendo como un felpudo. Para poder vivir una relación honesta y abierta con otros, debemos aprender a comunicar esos límites con honestidad.

Prodigándonos

El no respetar nuestros límites y fronteras nos lleva a prodigarnos, esto es, poniendo nuestras necesidades y deseos por debajo de las necesidades y deseos de los que nos rodean. Entre la gente que usted conoce, incluyéndose a usted misma, ¿quiénes son los que satisfacen sus necesidades más rápidamente? Haga una lista *impromptu* de sus conocidos y sus deseos y necesidades, tanto como deseos tangibles, como un coche nuevo y un trabajo bien remunerado, e intangibles, como ser respetados, escuchados y tener opiniones valoradas. ¿Hay alguno en la lista que siempre obtenga lo que pide? ¿Hay algunas personas que probablemente consigan lo que desean? Por comparación, ¿cómo se calificaría usted? Si está cerca del final de la lista, probablemente, se está prodigando.

María vivió durante diecinueve años con un marido que abusó emocionalmente de ella. Aguantaba humillaciones, tanto en privado como en público, y aprendió cómo «reírse de ello». Habiendo sido educada en el catolicismo y compartiendo ideas antidivorcistas, sintió que no le quedaba más solución que aceptar su suerte. Así, se prodigó y no solo llegó a odiar a su marido, sino a sí misma. Podemos prodigarnos en gran medida (no volver a estudiar porque podría causar inconvenientes) o en menor medida (no contestar porque estamos heridas o enfadadas).

En cualquiera de las dos alternativas, todo eso suma eventualmente la ecuación de que no estamos viviendo nuestras *propias* vidas.

Eche un vistazo a las preguntas que siguen. Si contesta «sí» a cualquiera de ellas, probablemente se esté prodigando en algunas áreas.

1. ¿Tiene usted miedo a que la autolimiten?
2. ¿Está cumpliendo frecuentemente con los deseos y necesidades de otros, sin encontrar que se satisfagan los suyos?
3. ¿Dice sí cuando le gustaría decir *no*?
4. ¿Le es difícil tomar decisiones?
5. ¿Son sus relaciones íntimas poco satisfactorias?
6. ¿Tiene autoconfianza?
7. ¿Es usted su peor crítico?
8. ¿Está siempre fatigada?
9. ¿Hay en su vida poca alegría y risa espontánea?

Las mujeres que se prodigan tienen problemas para tomar decisiones porque temen aparecer estúpidas si se equivocan. Cuando me separé de mi primer marido, necesitaba comprar un automóvil. Había mirado varios, pero me sentía incapaz de elegir uno. Le pedí a mi exmarido que me aconsejara —cosa buena de hacer si se consulta a un igual—; pero consideraba su opinión más valiosa que la mía. ¡Mi intuición me gritaba: ¡No, no, no!, pero lo ignoré y compré el coche que él había elegido.

El coche y yo fuimos enemigos desde el principio. Por no escuchar a mi voz interior, me prodigué —y compré una máquina con la cual no podía vivir—. Si hubiera tenido el coraje de escuchar esa voz y tomar la decisión por mi cuenta, me hubiera sentido mejor en mi integridad: ¡y quizá hubiera comprado un coche de más calidad!

Habitualmente, sentir «no» y decir «sí» es un buen indicio de que nos estamos prodigando.

Decir «sí» pero sentir «no»

¿Alguna vez se ha retirado del teléfono después de haber dicho «sí», aceptando preparar cuarenta y ocho docenas de galletas para una fiesta de Halloween, la presidencia de dos asociaciones y horas extras de trabajo que dificultaban sus compromisos personales?

Después, usted siente que se podía haber tragado la lengua, haber muerto o, por lo menos, haber contraído una enfermedad muy contagiosa. Sentirse así significa que se ha prodigado.

Decir «sí» y sentir «no» probablemente indica que nos hemos condicionado. Tememos no haber sido agradables diciendo «no», o que a la gente no le caeríamos bien por decepcionarla. Sin embargo, he descubierto que cuando estoy convencida de que tengo derecho a decir «no», y lo digo firmemente, la gente lo acepta.

Parece que reciben el mensaje en proporción directa a mi firmeza. Cambio sus débiles convicciones por palabras poderosas como puedo, deseo o debo. Un método clave para que escuchen sus «noes» es elegir una frase y continuar con ella:

> Usted: No me es posible ocupar la presidencia de este comité. Lo siento.
> Ellas: Oh. ¡Por favor! No tengo a nadie más a quien llamar.
> Usted: Sé que es difícil, pero simplemente no puedo hacerlo en esta época del año.
> Ellas: No sé qué haré. Estoy desesperada.
> Usted: Sé que es muy complicado organizar todo esto. Siento no poder ayudarla en este momento.

Note que «usted» persona es la que manifiesta la frase «no puedo hacerlo», respetando así los límites y fronteras de la otra persona, mientras expresa su compasión por su problema. «Usted» no se prodigó.

Antes de decir sí, respire profundamente varias veces. Pregúntese si está diciendo «sí» solamente por sentir culpa o miedo. Dígase a sí misma que tiene el derecho de elegir. ¡Pausa! Si necesita tiempo para considerar sus alternativas, tómeselo, y vuelva a llamar más tarde. No se deje aterrorizar por lo que esperan los demás de usted.

El temor a las expectativas

Las expectativas imaginarias pueden hacer que nos prodiguemos hasta tal punto que terminamos sintiéndonos una bola exhausta, sin una sola gota de energía que nos alimente para poder encarar el próximo trabajo. Esto puede sonar dramático, pero ¿no nos hemos obligado todos más allá de nuestras posibilidades y de lo que esperábamos podríamos hacer —y perfectamente— o porque otros esperaban la perfección?

Sus propias expectativas y las de los demás pueden matarla emocionalmente. Todos nosotros —mujeres, hombres y niños, jóvenes y viejos— hemos sufrido bajo la tiranía de ellas. ¿No esperábamos que nuestra luna de miel fuera romántica e idílica? Pocas lo son.

Recientemente vi una escena en una obra en la cual uno de los personajes hizo un maravilloso comentario sobre las expectativas; ella estaba hablando con una compañera de colegio en una reunión de ex alumnos y dijo: «Yo pensé que una vez que él y yo nos uniéramos todo cambiaría». Esto es lo que está escrito sobre la entrada femenina en el Infierno: «Las cosas cambiarán». Muchas cosas que esperamos las mujeres solo son fantasía. Esperamos poder hacer felices a nuestras familias (nuestras familias también esperan que las hagamos felices). Esperamos de nosotras mismas ser inteligentes, alegres y saludables. Ser eternamente atractivas, siempre alimentando y por siempre dispuestas a prestar nuestra sabiduría y consuelo.

Expectativas tan poco realistas como estas son extenuantes, por no decir terroríficas y paralizantes.

Una de las cosas más mutilantes que podemos infligirnos es la esperanza de que otros nos harán felices. Estos solo podrán extraer lo que ya está dentro de nosotras: la capacidad de sentirnos bien, útiles y amadas.

Cuando nos sentimos desgraciadas y vacías «por culpa» de otros, podemos estar seguras de que nos estamos prodigando. Entonces tendremos que echar un largo vistazo a las creencias y expectativas que tenemos y que nos mantienen dependientes de otros.

María, la mujer educada en el catolicismo y que fue emocionalmente maltratada por su marido, se despertó una buena mañana y dijo: «¡Basta!». Para salvar su vida emocional, dejó a su marido. Desafortunadamente, al haberse demorado tanto en liberarse de las rígidas normas de la Iglesia y darse cuenta de que tenía otras elecciones, fue forzada también a dejar a sus hijos. Si hubiera respetado sus límites y fronteras antes, quizá hubiera podido salvar su matrimonio; pero tantos años deglutiendo su pena y rabia crearon cicatrices demasiado profundas y fue demasiado tarde.

Tenga en cuenta que hay una delicada diferencia entre pedir lo que necesitamos y queremos y esperar que otros lean un guion hermético que hemos escrito para ellos. Muchas veces, especialmente cuando dos personas independientes se ven afectadas, habrá diferencia de ideas sobre cómo vivir, trabajar y divertirse. Al adherirnos muy rígidamente a las nuestras, interiorizando el cuadro de *cómo* deberían ser, activamos una normal y saludable rebelión en la otra persona.

Mi marido y yo tuvimos un romance de cuento de hadas, nos conocimos en Hawai y mantuvimos un romance a través del Pacífico. Todo era perfecto —nosotros éramos perfectos, creíamos que nos habían rociado con un polvo mágico, que nuestra relación sería gloriosa—, pero, claro, no lo fue. Una vez que nos establecimos en nuestras rutinas diarias, las expectativas de gloria sin fin comenzaron a interponerse en nuestras vidas reales.

Como consejera matrimonial principiante y con un divorcio en mi pasado, sentí que tenía una buena idea sobre cómo debería ser mi matrimonio. Sin embargo, las necesidades, deseos e imágenes de mi marido se diferenciaban significativamente de las mías. Me llevó mucho tiempo y mucha pena darme cuenta de que estaba ahogando nuestra relación con mis expectativas. Estaba actuando el lado rebelde de la personalidad de mi marido con mi guion de-que-se-debe-hacer-así.

Después de luchar conmigo misma, fui capaz de dejar de aterrorizarnos con mis expectativas idealistas. Una cosa sucedió entonces:

después de un periodo de enfriamiento, cuando él estaba confiado en que yo ya no lo fastidiaría, comenzó a ser de la forma que yo había exigido antes; desde que di libertad a mis expectativas y encontré otras vías para llenar estas necesidades. Su cambio fue muy apreciado, la capa de chocolate sobre la galleta de la vida, pero no fue necesario para mi supervivencia emocional.

Como me informé luego, hasta en las relaciones más estables y amorosas habrá desencuentros en las expectativas. Yo podré esperar pasar una noche tranquila junto a la chimenea, en intimidad compartida, y él podrá esperar ver un partido de baloncesto. A lo mejor, ambos deseamos que nuestros hijos vengan a cenar, y ellos querrán tomar una *pizza* con los amigos. Sencillamente, no podemos sobrevivir emocionalmente si insistimos en que se cumplan todas las esperanzas. La vida no es así; por tanto, la respuesta más saludable es ser muy flexible y no tomarlo como algo personal cuando no se cumplen.

La trampa de la Supermujer

> *Lo que hagan bien la mujeres, lo deben hacer el doble de bien que los hombres para que se considere la mitad de bien hecho. Felizmente, esto no es difícil.*
>
> CHARLOTTE WHITTON

Ser flexible y acomodaticia no es la misma cosa. Una de las formas de prodigarse es tratar de complacer a todos; jugar a ser la omnipresente, la omnicomplaciente Supermujer.

La envoltura de la Supermujer está forrada de culpa y adornada con miedo. El miedo de no poder estar a la altura de las expectativas del otro, y culpa cuando no se está. La Supermujer que siempre se autoniega nunca puede volar; sus esperanzas rara vez se cumplen, y, aun así, cuando lo hacen, ella las reemplaza por otras más lejanas e inalcanzables. Yo tenía una paciente que había criado a tres niños ella sola. Se ha vuelto a casar y está criando no solo a su hijastro, sino a tres niños adoptivos perturbados emocionalmente.

Ella cose casi toda su ropa, cocina, lleva la economía de la casa, desenvolviéndose mejor que un contorsionista, y es muy activa en todas las labores de su iglesia. Se sentía preocupada cuando ocasionalmente no sentía amor.

Esta mujer tiene una historia clínica llena de traumas y carencias que le han dejado profundas cicatrices emocionales, y tenía los pies firmemente atrapados en la trampa de la Supermujer. Nunca se comparaba favorablemente con otras personas y se infravaloraba por una confusa variedad de pequeños fallos, reales e imaginarios. Yo me fatigaba escuchándola hablar de uno de sus hijos adoptivos y su comportamiento desviado. Poco a poco, fue capaz de hacerse un pequeño letrero para colgarse en el alma, por lo menos parte del tiempo:

«¡Supermujer ya no vive aquí!»

Está claro que hay mujeres que se encuentran atrapadas en la fortaleza de la Supermujer, muchas veces inducidas por una necesidad económica, como también por un deseo personal de mantener un trabajo, tiempo completo, dentro y fuera del hogar. Sea usted una mujer profesional, ama de casa, o ambas, muchas veces nos vemos empujadas sin misericordia por el dragón interno a ser perfectas. A medida que vamos encontrando el coraje de ser nosotras mismas —imperfectas, pero con resolución de enmienda— comenzamos a desligar las cuerdas que nos atan a la dependencia emocional.

CAPÍTULO 3

Permitirnos ser invadidas

Donde haya un hombre,
una mujer tiende a dejar de creer
en sus propias creencias.

COLETTE DOWLING

MUCHAS de nosotras miramos hacia fuera para recibir nuestra autoestima —una contradicción de términos cuando se piensa—. Pedir a los demás que nos reflejen nuestros valores, que nos mantengan con nuestro valor, inevitablemente nos deja la sensación de ser utilizadas e invadidas. También usted se deja invadir si: constantemente está haciendo algo por los demás y se siente resentida; si sus propias necesidades no son consideradas; duda de sus habilidades para tomar decisiones y siempre está de acuerdo cuando alguien le dice: «No, no, yo creo que deberías (——)»; sus hijos, su pareja, sus compañeros de trabajo, y cuando sus amigos llevan algo prestado sin consultarle; o la gente se siente libre para disponer de su tiempo inconscientemente.

Nos tornamos vulnerables a la invasión por miedo: miedo a ser rechazadas, imperfectas, turbadas o confrontadas.

Porque tememos la reacción de los demás, permitimos que se violen nuestros espacios y fronteras. Afortunadamente, nuestras respuestas físicas y emocionales nos avisan cuando alguien ha transgredido nuestro «yo» privado y podemos aprender a sintonizar estos sentimientos y utilizarlos como una pista para mantener límites razonables.

La invasión trae sentimientos de utilización, de abandono de algo. Si uno de mis hijos entra en mi cuarto de baño y utiliza mi cepillo para el pelo sin consultarme, me siento invadida, como si hubiera cedido el derecho de tener mis cosas donde y cuando las quiero.

El niño ha traspasado la frontera claramente demarcada y me siento enfadada y resentida.

Cuando usted se ha puesto cómoda tomando un relajante baño caliente después de haber trabajado duro todo el día, y los niños golpean la puerta para que sea árbitro de alguna disputa, que usted sea invadida o no dependerá de su reacción. Si, por una falsa sensación de responsabilidad por su felicidad, salta de la bañera y corre a resolver sus problemas, ha permitido que la invadan. Conozco mujeres que aseguran no haber tenido nunca un momento para sí mismas a causa de las demandas de sus trabajos y familias. Una me comentó que constantemente se siente «como si los patos la estuvieran picando a muerte».

Pero no son las pequeñas circunstancias externas las que las llevan a seguir un ritmo destructivo; son las exigencias que se imponen a sí mismas para aprisionarse en la trampa de la Supermujer. Es verdad que la demanda sobre la mujer para desempeñar muchos papeles crea mucha tensión, pero tenemos el derecho de elegir ir nosotras primero. De hecho, dándonos permiso para hacerlo puede también ayudar a otros a crecer. Si usted no salta de la bañera a la primera llamada, sus hijos tendrán que valerse de sus propios recursos para resolver sus disputas. Afirme su independencia, ellos también tendrán que encontrar la suya.

Elegir curar nuestros miedos, que nos mantienen emocionalmente dependientes, y creer que tenemos derechos, abre las puertas al respeto por nuestros límites y fronteras. Cuando ya no permitamos que nos invadan, estaremos en el buen camino para obtener el coraje de ser nosotras mismas.

Huellas sobre nuestros rostros

Cuando estaba en la escuela secundaria, puse a mi mejor amiga el apodo de «Huellas», porque permitía que su novio la pisoteara. Estoy segura que yo también merecía ese mote por mi comportamiento cuando salía con chicos. Mi amiga y yo nos sentíamos vagamente disconformes e impotentes, como felpudos, pero esto era en los años 50, cuando las niñas eran alentadas a complacer a los chicos y, en muchos aspectos, los tiempos no han cambiado tanto.

Recuerdo haber leído una serie de pequeños libros editados por la YWCA * sobre cómo comportarse cuando se salía con un chico, la menstruación y el arte de hablar correctamente por teléfono. El librillo que se refería a cómo comportarse con los chicos decía que para poder ser popular (lo más grande para los valores de una adolescente) una niña debería dejar que el varón hablara de sí mismo. Para incrementar el interés de un chico por mí, fingía un interés por los automóviles y deportes y cualquier otro tema que le gustara al muchacho del momento.

¡Seguramente esos libros habían sido reimpresos de volúmenes descubiertos en alguna buhardilla victoriana! Recuerdo haber pensado: ¿No es este un juego estúpido? ¿Qué pasaría si hay algún tema sobre el que me gustaría hablar a mí?

Mis dudas se manifestaban de forma interesante; desarrollé una ronquera crónica; especialmente cuando tenía una cita con un chico, sentía que me ahogaría en cualquier momento.

Muchas veces tenía que excusarme para encontrar un lugar privado donde desahogar mi tos. Me estaba ahogando, literalmente, sobre las palabras sinceras que guardaba y sobre las fingidas que pronunciaba. Básicamente, me estaba ahogando en el mensaje subjetivo de-cómo-entenderse-con-los-chicos. Llevé este sentimiento semioculto de ser de segunda clase hasta mi edad adulta. También mi ronquera.

Hace varios años rellené un cuestionario de autoaseveración en una revista. Como ya había obtenido mi máster en psicología y pasado por la experiencia de crecimiento a causa de mi divorcio, sentía

---

* YWCA: Young Women's Christian Association, Asociación Cristiana de Jóvenes. (N. del T.)

que había progresado mucho desarrollando mi autoestima. Me sorprendí y enfadé al ver que había salido bastante bien parada en todas las preguntas, excepto en las relacionadas con los hombres que amaba, incluyendo a mis dos hijos.

El hecho era, debo admitirlo, que estaba actuando de acuerdo con una antigua suposición de que los hombres son mejores, se merecen ser escuchados más que las mujeres, y que probablemente me dejarían si no les permitía pasar por delante en casi todos los asuntos. Permitía que me invadiesen, plantando sus grandes pies sobre mi cara. *¡Croack!* Significativamente, mi necesidad de aclarar la garganta era motivo de bromas para mi familia, y, me enteré más adelante, de constante irritación para mi marido.

Decidí actuar. Comencé a sustentar mis opiniones con los hombres, incluyendo a los que amaba. Indagué en mis ocultas actitudes de sometimiento y dejé de prodigarme. Este proceso no fue fácil y necesité la ayuda de una buena terapeuta, de mis amigos, pacientes y mi propia constancia.

La «rana» que tenía en la garganta, que croó conmigo durante veintiocho años, desapareció. Ahora, si comienzo a ahogarme y toser, busco dónde me equivoqué y permití ser invadida. «La ranita» se ha convertido en una maestra muy importante.

Medidas para conquistar al invasor

Uno de los impulsos primarios que necesitamos que se cumpla en la vida es el deseo de tener y expresar nuestra fuerza personal.

De esta manera, cuando nos sentimos invadidas o amenazadas, buscamos inmediatamente la manera de derrotar al amenazante invasor.

La sociedad no ha alentado a las mujeres para que puedan desarrollar su fuerza (no es muy femenino, sabes); hemos adoptado maneras secretas y deshonestas para tener y utilizar el poder. El problema con estos métodos tortuosos es que, a la larga, todo el mundo pierde.

Aquí expongo algunas de las secretas y negativas estrategias adoptadas por las mujeres:

Madre

Solo hay tres periodos en nuestra vida en los que necesitamos el amor materno: la infancia, la senectud y la enfermedad. El resto del tiempo, no importa quiénes seamos, necesitamos desarrollar nuestra capacidad innata de ser fuertes y cuidar de nosotras mismas. Sin embargo, las mujeres han elegido ser maternales con los hombres y con otras mujeres, a pesar del hecho probado de que una actitud maternal inapropiada significa la muerte del amor romántico, del amor entre una pareja igualitaria y también de la amistad.

Muchas veces tengo que decir a mis pacientes que se cuiden de ser «mamaítas». Esta forma de expresión tan trivial como decirle al conductor dónde aparcar: «¿Por qué no aparca junto al banco?». Usted podrá tener la intención de ser útil, pero en la mente del conductor seguramente se interpretará como querer proteger, ser innecesariamente mimosa y sentirse tratado como un niño estúpido e incapaz. A nadie le gusta que se le diga que no puede ejercitar cosas tan simples como decidir dónde aparcar un coche. Por supuesto, si se pide ayuda, es distinto.

Otra «mamaitada» es regañar. Cuando sentimos la necesidad de recordar o reprochar, estamos regañando: «¿Has hecho (——) ya?». «¡No deberías salir con un jersey tan ligero!... cogerás un resfriado.» «¿Cuántas veces debo decirte (lo que sea)?» La gente aprende rápidamente a hacerse la sorda, o a rebelarse con esas regañinas.

Para ser justa, hay otra cara de la moneda de la «mamaíta»: la tendencia del hombre a jugar al NIÑO pequeño, en su afán por conseguir que la mujer adopte el papel de madre; cuídelo y satisfágalo íntimamente, pero no acepte el papel. Muérdase la lengua, pero si quiere salvar la relación con su pareja, hijos, amigos y compañeros de trabajo, deje de ser la madre de todos.

Cuidado con sus «mamaitismos». No la ayudan ni a usted ni a nadie; es más, destruyen su libertad y la autoestima de los demás. Con la capacidad que sienta tener para ser la madre de un adulto, también deberá cargar con su responsabilidad. Si hace eso en una relación, ¿por qué va a intentar la otra persona cargar con la propia? Es interesante, en los caracteres chinos para *apego* y *madre,* cuando se juntan, significan *veneno.* Cuando nos apegamos al papel de madre, usurpando los derechos de los demás para aprender de sus propios errores, envenenamos la relación existente.

Mártir/víctima

Todos conocemos a personas que son mártires/víctimas, gente que va por la vida suspirando: «Pobre de mí»; «si solo...»; «lo que tú quieras... (suspiro)». Aprendemos estos papeles. Vemos a nuestras madres y abuelas manipulando a los demás con eso. Pero la verdad es que las víctimas se sienten impotentes y se ven regidas por las acciones y juicios de otros. El papel de mártir/víctima es increíblemente dominante porque evoca culpa.

Las que juegan a ser víctimas muchas veces lo fueron en su niñez, cuando se encontraban desvalidas. Como adultos, aún se sienten impotentes dentro de su mundo, y dominados por las acciones y opiniones de los demás. La eterna víctima nunca asume la responsabilidad de su propia vida, porque todo lo que pasa es, obviamente, culpa de los demás. Personifica un ser emocionalmente dependiente, porque es cautiva de sus reacciones, más que un capitán de sus actos. Las víctimas adultas llenan sus vidas con «debería» y «tengo que», donde habitan con sus fracasos y se autocastigan continuamente por su supuesta ineficacia.

El padre de Alicia murió cuando ella era muy joven y se sintió abandonada. Su madre era inestable, y más aún al quedar viuda. Como una niña «buena», Alicia asumió el papel de padre, de su madre y, a través de los años precedentes al suicidio de esta, se sintió víctima de su situación. Sacrificó su juventud en aras de la dependencia emocional de su madre. Creía que no importaba cuánto quisiera, aquellos a quienes amaba la abandonarían. Necesitaba amor para sí misma, pero, atrincherada en su papel de víctima, tuvo una serie de relaciones con hombres que la abandonaron emocionalmente e invadieron todos los rincones de su vida. Su hijo también la victimizaba, literalmente, con amenazas de muerte y suicidio.

Estaba atrapada en su letanía interna: «Soy tan desvalida; ¿por qué no cambian?». Pero mientras no se responsabilice de su papel de víctima, seguirá permitiendo que la invadan. Hasta que no comience a defender sus límites y fronteras y sus propios derechos, continuará con su vida desprotegida y restringida.

Alicia es una persona de «sí, pero...», tan asentada en su identidad de víctima que responde a cada sugestión positiva con «sí, pero...» seguido por la razón del porqué no puede liberarse de la persona o situación que la está victimizando. Si le sugiero que sería bueno para su imagen, cuenta bancaria y matrimonio que buscara un nuevo empleo, ella dice: «Sí, pero no hay trabajo», o «Sí, pero no conozco las técnicas modernas». Cuando se le ha dicho que era esencial recibir una terapia para curarla y liberarla de sus viejos resentimientos y patrones de conducta, dijo: «Sí, pero es tan difícil», o «Sí, pero no hay buenos terapeutas». Ella sola se está manteniendo dentro de su papel de víctima infeliz con su frase.

La única forma de terminar de desempeñar ese papel es elegir entre asumir la propia personalidad de su vida actual o cómo podría ser. Aceptar responsabilidades puede requerir la ayuda de un terapeuta y/o una amiga sincera que pueda exponerle con cariño cómo utilizar su papel de víctima y sus consecuencias en la vida.

Tuve una vez un paciente que dijo: «¡El martirio es solo para emergencias!». Me encanta esa frase por la profunda verdad que encierra. Utilizamos el martirio para conseguir nuestros fines, para aporrearlos hasta la sumisión, a través de la culpa. ¡Cuando nosotras, las mártires, manipulamos a otros, nos sentimos tan castas, nobles, sufridoras y justas! También nos podemos sentir increíblemente solas.

Mi abuela era maestra del martirio y de la victimización. No importaba lo que uno hiciera por ella, nunca era suficiente. Estar cerca de ella era una experiencia de culpa constante y, consecuentemente, la evitábamos al máximo. Nadie se siente cómodo escuchando a una mártir quejarse de las mil formas en que somos responsables de su salud, felicidad y autoestima, y cómo todos hemos fracasado. Al fomentar la culpa de los demás, la mártir se contamina y crea la mismísima situación que tanto teme: rechazo, pérdida de amor, aislamiento. Estos pensamientos y otros similares son el indicio de que usted está haciendo el papel de mártir: «Después de todo lo que he hecho por ellos», o «¡Le di los mejores años de mi vida y mira ahora cómo me paga!», o «Si solo llamaran los hijos de vez en cuando».

Margaret, una mártir de primer orden, me dijo: «Los niños nunca me llaman... (suspiro)» (las mártires suspiran mucho). Cuando le pregunté si ella les llamaba alguna vez, contestó que no porque temía entrometerse. Sus hijos estaban maniatados. Se suponía que debían leer la mente de su madre, y se sentían culpables si no lo hacían. Por tanto, habían pasado la vida escuchando sus penas, y no les apetecía llamarla para no recibir otra carga de culpa. Por eso, Margaret se encontró sola, hasta que aprendió a asumir su responsabilidad para transmitir sus necesidades y deseos sin castigar a los demás y hacerlos sentir culpables.

Inválidas

Hay personas a las que llamamos inválidas que muestran una valentía increíble, utilizan sus limitaciones físicas para madurar y enriquecer sus fronteras intelectuales y espirituales, y, por la forma en que soportan su dolor, son una inspiración para nosotras. Pero la inválida a la que yo me refiero aquí es la mujer que utiliza la enfermedad —real o imaginaria— para escapar de la vida o para manipular a otros. ¿Quién nos puede invadir si siempre estamos enfermas? Nadie puede esperar que nos prodiguemos, nadie puede negarse a satisfacer todos nuestros deseos y caprichos cuando estamos incapacitadas.

Sonia era fuerte como un caballo mientras sus cinco hijos eran pequeños y la necesitaban. Sin embargo, en cuanto comenzaron a crecer e irse de casa para vivir su propia vida, empezó a tener mala salud.

Cada vez que uno de sus hijos se preparaba para dejar la casa, su salud se volvía más precaria. Los médicos se sentían perplejos porque no encontraban la raíz de sus males.

Conocí a Sonia a través de su hija menor, Matti, quien había venido a la terapia a fin de que le ayudara a atenuar la culpa que sentía por haberse ido de casa y abandonado a su madre «enferma y desvalida». Nos encontramos las tres durante varias sesiones en las cuales Sonia, persona muy servicial, con gran coraje, destapó su inconsciente creencia de que estaba acabada al terminar su función diaria de madre. Su cuerpo estaba acatando las órdenes subconscientes y se venía abajo cada vez que un hijo partía.

Fue capaz de entender lo que estaba haciendo y cambiar; comenzó a redefinir su vida y escogió ser útil de otras formas. Aprendió más sobre su proceso inconsciente y ahora es una mujer totalmente sana y activa que trabaja en un hogar para mujeres maltratadas y sus hijos.

El papel de inválida que ejercitaba era inconsciente; en cambio, el de Amelia no. En el preciso instante en que su familia no está de acuerdo con ella, padece un ataque de asma y debe guardar cama; allí se la oye jadear, intentando respirar, a causa de lo que «han dicho o hecho». Para no ser la causa de sus ataques, su familia la evita todo lo posible.

Estar crónicamente enferma da mucho poder. Ciertamente, se espera poco de nosotras... ¡pero miren el precio que se paga! Cuando estamos enfermas, nuestra libertad es cercenada. ¡Adoptar el papel de inválida es nulo!

Brujas

> *Se llama a un hombre despiadado si bombardea un país hasta arrasarlo. Se puede llamar a una mujer despiadada si te refrena.*

GLORIA STEINEM

Muchos hombres (y mujeres) tradicionalistas te llamarán «bruja» si eres aseverativa y no te callas. Es mejor ignorarlo. Pero algunas mujeres se merecen este título porque, al ser brujas, desahogan sus frustraciones al prodigarse y ser invadidas de otras formas. Regañan, se quejan, usan un humor tóxico para humillar a los demás, critican y, secretamente, lloran.

Ser bruja no es divertido, ni para ella ni para la víctima. El serlo es generalmente resultado de una cólera no manifiesta. A la larga no es una solución, porque corroe la autoestima y aleja a los demás.

Adrienne regañaba a su marido cuando llegaba tarde a casa, se quejaba de él a sus amigas cuando no cumplía sus promesas. Cuando vinieron a mi despacho, ella estaba tan enfadada consigo misma como con él.

Estaban atrapados en un callejón sin salida, ella se sentía abandonada y sola. Así que adoptó el papel de bruja, reprendiendo y regañando, explicando encolerizada, llorosa y enfadada. Él hacía el papel de mártir y niño penitente, pasivamente de acuerdo con todo lo que ella decía y haciendo todo lo que quería, pero con agresividad. Adrienne se avenía a buscar las razones latentes que la llevaban a hacer el papel de bruja y así enmendarse, pero su marido no quería dejar su parte del juego y eventualmente se divorciaron. Ella está más feliz ahora, aunque recuerda su matrimonio con tristeza. Ya no es una bruja y está encantada con la experiencia de ser dueña de su vida. Sus relaciones son excitantes y de apoyo mutuo. Su marido mantiene relaciones con una mujer más dominante que ella. Adrienne rompió el patrón, él no.

Si usted reacciona ante la frustración como un perrito que juega con una media vieja, gruñendo y desgarrándola, entonces existen posibilidades de estar haciendo el papel de bruja. Trate de averiguar qué es lo que la está frustrando. ¿Cómo se está dejando invadir? ¿Siente que ha dado tanto que ya no le queda nada por dar? Las mujeres que normalmente recurren a ese papel no son mezquinas: están asustadas y desean establecer amistades sinceras e independientes.

Niña-mujer

Las mujeres que juegan a ser niñas-mujeres también tienen miedo, pero llevan el camino opuesto a la bruja. Una niña-mujer necesita ser cuidada, protegida, apadrinada y que le digan lo que debe hacer. En algún lugar del camino, estas mujeres han adquirido la suposición de que no son dignas de ser amadas y siempre se sientes «menos que». Pueden haber recibido la idea de que son incapaces de cuidarse a sí mismas de padres sobreprotectores que nunca les permitieron tomar sus propias decisiones —incluso equivocarse— y les enseñaron que, si querían vivir, era mejor encontrar a alguien que las cuidara.

Beth, una pequeña y dulce mujercita, que estaba en uno de nuestros reducidos grupos, hablaba con vocecilla suave, aniñada y dijo que su marido no la «dejaba» hacer muchas cosas, no le permitía disponer de una habitación de la casa para pintar, aunque él sí disponía de una para sus lecturas y aficiones. Estaba preocupada porque él, al enterarse de su participación en el grupo, se enfadaría. Yo le dije: «¿Cuántos años tienes, Beth?». Ella contestó: «Cuarenta y seis». Al formularle la pregunta dos veces más, me miró, bajó sus ojos entornados, rio y me dijo: «Dieciséis». Había conocido a su marido a esa edad y se había estancado, entregando su derecho a ser adulta para retener su amor, o así lo creía. Se sentía invadida, resentida y temerosa. Temía que, al crecer, él dejaría de amarla.

La vi hace poco. Habla de una manera adulta, segura, trabaja de administradora en una residencia y estudia gerontología, de la forma que ella ha elegido cursarla. Es muy feliz con su marido. Le pregunté cuántos años tenía, y me contestó con orgullo: «¡Cuarenta y ocho, y a mi marido le gusto así!». Como supo luego, su marido se sentía agobiado por su continua necesidad de ser apadrinada y estaba contento de poder mantener una relación igualitaria, aunque al principio se resistió.

Cuando mira en su interior, ¿se encuentra cómoda con sus sentimientos saboteadores de madre, mártir/víctima, inválida, bruja o niña-mujer? Puede asustarnos mirar honradamente nuestra propia conducta, pero podemos consolarnos ante el hecho de que, virtualmente, todos los que buscan mejorar encuentran muchas cosas que deben cambiar, y todos tenemos la capacidad de cambiar para ser mejores.

Cuando lo hacemos, nuestras relaciones también cambian. Es imposible que se mantengan iguales cuando una de las personas varía su conducta. Afrontar el miedo al cambio y actuar a pesar de ese miedo, crea libertad. También podemos utilizar el temor de quedarnos con nuestras penosas conductas que nos lleve a reaccionar. Frecuentemente, las otras personas en nuestras vidas se sienten aliviadas cuando dejamos de prodigarnos.

CAPÍTULO 4

La vida plana

No es el final de nuestro cuerpo
físico lo que debería preocuparnos.
Más bien, nuestra preocupación debe
ser vivir mientras estamos con vida:
liberar nuestro ser interior de la
muerte espiritual que viene de morar
detrás de una fachada diseñada para
conformarse a las definiciones externas
de qué y quiénes somos.

ELISABETH KUBLER-ROSS

LAS mujeres que son emocionalmente dependientes muchas veces tienen el sentimiento de llevar una carga oculta; que, por algún motivo, algo les falta en la vida, que esta las ha sobrepasado. La vida, que prometía ser tan excitante, llena de alegrías y sorpresas, ha resultado ser plana y yerma como unas salinas. De hecho, si la sentimos plana, es probable que estemos viviendo la definición de otros acerca de nuestras vidas y no nos hemos arriesgado a averiguar quiénes somos y qué queremos. Una de las palabras más usuales en una vida monótona y plana es «Si»: «Si solo hubiera... Si solo no hubiera... Si solo, si solo, si solo...».

«Si», el condicional, viene de la ignorancia unida al miedo: ignorancia de las posibilidades de la vida, y el temor al riesgo de coger esas posibilidades y ser auténticas.

Los niños son muy arriesgados. Se mueven hacia el mundo y hacia otros con los brazos abiertos de par en par. Para ellos, la vida está llena de montañas y valles en espera de ser explorados. No hay nada uniforme en la vida de una niña sana y espontánea: por momentos, estará llena de alegría y risas, y en otros, cogerá agresivamente a su muñeca y llorará. Cuando vemos a una niña actuar de forma juiciosa y monótona, le tomamos la temperatura. ¿Por qué, entonces, sentimos que es correcto que *nosotras* vayamos por la vida filtrando aburrimiento, de forma discreta y uniforme? Está bien, es una vida segura, pero sin encanto, entusiasmo, ira y alegría. ¿Es normal vivir desde un lugar interior que no conoce la gratitud espontánea, el sentido del bien y la armonía en el esquema de las cosas?

Tantas veces caemos en la rutina de vivir vidas más y más romas que no nos damos cuenta de lo chatas y complacientes que nos hemos convertido. Cuando me dejó mi primer marido, me di cuenta de lo vulgar que era mi vida. Cuando salí del *shock*, experimenté una explosión de emociones. Estaba deprimida, luego eufórica en un frenesí de ira y deseo de venganza. Pensé en el suicidio, luego me mareé con las fantasías de las posibilidades que se abrían ante mí.

Durante los años que tardé en curarme de estas heridas, experimenté una oleada tan grande de sentimientos como no había tenido desde que era una adolescente. Tomé conciencia de cuán dolorosa era mi vida, tan discreta, y decidí hacer algo para cambiarla. Una de mis primeras reacciones pasajeras fue: «Nunca más dejaré que me hieran así. ¡Nunca, nunca, nunca!». Para protegerme, me encerré en una burbuja emocional, fuera del alcance de todos e invulnerable. Pero no duró mucho, porque pronto me di cuenta de mi papel en la ruptura: cómo, con mi dependencia emocional, había aplanado mi propia vida.

Durante mi primer matrimonio no deseaba enterarme de lo que pasaba dentro de mí. Simplemente tenía miedo. Como mecanismo de defensa, me torné simpática por fuera, evitando, sin embargo, airear mi ira, contando chistes con gracia, pero con aristas. Más tarde, cuando fui capaz de mirar hacia atrás y observar mi conducta sin titubear, pero con amor y perdón, elegí actuar de otra manera. Me retracté de mi promesa de no ser herida nunca más y la reemplacé con dos afirmaciones que aún sostengo. La primera: *Yo escojo realmente vivir.* Para mí, esto quería decir que era un compromiso que conllevaba arriesgar y experimentar todos mis sentimientos, ya fueran de alegría, dolor o indiferencia. Siempre traté de evitar el dolor; ahora estaba aprendiendo que para vivir tenía que abrazar todo el paquete de la vida: el dolor tanto como la alegría —la gama entera de mis emociones—. No fue una decisión fácil ni tomada a la ligera.

Me ayudó inmensamente este pasaje de Jalil Gibrán en su libro *El profeta**:

Vuestra alegría es vuestra tristeza sin máscara.
Y el mismísimo pozo del que mana vuestra risa
estuvo a menudo lleno de vuestras lágrimas.
Y ¿cómo puede ser de otro modo?
Mientras más hondo excava el pesar en vuestro
ser, más alegría podéis contener.

Mi segunda afirmación fue: *Nunca me prodigaré nuevamente.* Regalarnos nos agota hasta tal punto que sientes que ya no queda nada de ti. Entonces decidí explorar mis fronteras. ¿Qué quería hacer con mi vida? ¿Con quién quería hacerlo? ¿Qué comportamiento era aceptable para mí? ¿Qué podía hacer para acrecentar mi independencia y habilidad para amar a los demás? ¿Cómo podía ser una madre que apoyara a sus hijos y ser firme a la vez? ¿Qué necesitaba curar para poder resistir la tentación de prodigarme nuevamente?

Cuanto más alto vueles, más dura será la caída

Muchas de nosotras tenemos de la vida la imagen de ser una tarta. Se sirve en grandes y pequeñas porciones, y cuando se acabó, se acabó. Por eso, no tentemos a los dioses pidiendo mucho; después de todo, si pedimos más de lo que nos corresponde, solo recibiremos una desilusión. Muchas veces nos enseñan que cuanto más alto se vuela, más dura será la caída.

Cuando éramos niñas y la alegría de arriesgar y desperezarnos era todavía natural, nos advertían:

---

* *El profeta*, Editorial Edaf, Madrid, 1985.

- *No te excites.*
- *Recuerda que solo hay dos plazas libres para completar el equipo, y hay 14 aspirantes.*
- *No pongas demasiada ilusión.*
- *Llorarás tanto mañana como hoy rías.*
- *No esperes demasiado de (——) (del matrimonio, sería una buena palabra para rellenar).*
- *La vida es dura.*
- *No muevas la barca.*

¿Cuáles son los mensajes subliminales en estas frases? Quizá algo como esto:

- *Es peligroso arriesgar.*
- *Es peligroso tener fe, ser feliz y esperar que la vida sea buena y completa.*
- *No hay suficiente para todos.*
- *Abandona tus sentimientos infantiles de respeto y admiración.*

Conozco a una mujer cuya frase favorita es: «La vida es dura y luego mueres». ¿Cuál es nuestra imagen de una mujer cuya existencia está determinada por dicha frase? ¿Está constantemente amenazada por la escasez? Sí. ¿Se aferra a lo desconocido porque arriesgar da miedo? Sí. Esta mujer cree que la vida es dura, y para ella vaya si lo es. Recibe lo que cree que la vida le dará.

Si es usted una de las mayores de la familia, ¿puede recordar cuándo nació su hermano o hermana? Yo sí. Recuerdo haber estado excitada y temerosa. ¿Podrían mis padres tener el suficiente amor para ambas? Ellos me aseguraron que sí, así que empecé a tener ilusión por el nuevo bebé. Luego, mi abuela me hizo el siguiente comentario y fue muy fácil para mí, a mis siete años, interpretarlo literalmente: «Aunque tu madre y tu padre tendrán ahora a alguien a quien querer más que a ti, yo te seguiré queriendo». Pueden imaginar qué bienvenida di a mi hermanita después de eso —con abierta hostilidad—. Porque creía no ser amada, me sentía no amada. Sí lo era, pero durante muchos años, decisivos para mí, fui incapaz de sentirlo; y ese sentimiento de «poco amor» contribuyó al aplanamiento de mi vida en la época adulta. Solo a través de la ayuda de mis afectuosos amigos, mi madre y la terapia, conseguí sanar eventualmente.

A Linda su familia le legó el mensaje de que debía *hacerlo bien o no hacerlo*. Nunca obtuvo el permiso para aprender, arriesgar y experimentar, así que desarrolló un modelo que ella calificaba de «errar y dejar», nadie hace bien las cosas la primera vez, y como nunca había sido alentada a equivocarse y, por tanto, no poseía un sistema de apoyo que le sirviera de boya mientras su chaleco salvavidas estaba reparándose, se embarcó en una serie de tareas en las cuales resbaló, incluyendo patinaje sobre hielo y *ballet*.

Linda tenía miedo de volar más alto por temor a la caída. Su costumbre de errar y dejar alimentaba el miedo de intentar, así que se conformaba con menos y menos, descartando sus sueños, casi antes de tomar conciencia de ellos. Su vida se volvió anodina.

La historia de Linda tiene un final feliz: al tomar conciencia de su patrón limitante, fue capaz de darse permiso para hacer algo aunque saliera mal. Se cuida con cariño y poco a poco está adquiriendo más y más coraje de ser ella misma. La encontré recientemente, estaba radiante de entusismo por un nuevo empleo; desbordaba energía por su trabajo como también por las otras áreas de su vida. Me contó que aún resbalaba, pero había logrado prometerse a sí misma no abandonar.

Seguras, pero tristes

Cuando nos conformamos con menos para sentirnos seguras, siempre sentimos pena. Si comprometemos nuestros sueños, limitándonos con ideas negativas, aprendidas en la niñez o en la madurez, si aceptamos que es inútil pedir lo que queremos y necesitamos, si creemos que es más segura la escasez que la abundancia, nuestra vida se cerrará sobre nosotras como una manta tibia, segura pero sofocante.

Hay pocos desencantos que se comparen con vernos forzadas a admitir que nuestras vidas han sido una serie de compromisos que nos han dejado una sensación de oscuridad y falta de contacto con nuestros sueños. Mi padre solía decirme cuando me sentía deprimida: «Solo es uno de esos valles en la autopista de la vida». En ese momento no le di mucho valor a la frase, pero desde entonces he comprendido cuánta sabiduría contenía. Si queremos disfrutar de las «autopistas» de la vida, debemos aprender y crecer en los valles.

Necesitamos seguridad, pero esta, a veces, se compra a un precio demasiado elevado. La seguridad obtenida a expensas de un crecimiento alborozante y cambiante puede estrangularnos. Seguramente la oruga se siente segura en su capullo, pero cuando emerge necesita extender las alas y arriesgarse a volar.

Abandone su triste necesidad de seguridad. Resuelva su pena por el aburrimiento de su vida eligiendo volar. Tenga el coraje de remontarse. Anímese y corra el riesgo. Usted puede hacerlo. Ya tiene el coraje necesario para poder sobrepasar su dependencia emocional. El nuevo hecho de estar leyendo este libro, lleno de desafíos para crecer y cambiar, ya es tener coraje.

Y ahora miremos el mapa de carreteras, que encuentro de gran ayuda, mientras continúo mi viaje hacia la obtención del coraje de ser quien soy.

CAPÍTULO 5
Llegar allí: Un mapa de rutas

*Todavía no hemos llegado
a destino, pero no estamos
donde estábamos.*

Natasha Yasepofitz

¿Está usted sentada en el camino de su vida esperando que alguien la lleve? ¿Alguien que la lleve en *su* viaje? A nosotras las mujeres nos han enseñado a esperar pacientemente la vida. Algunas de nuestras mejores guías eran las películas de Doris Day y Rock Hudson, Ozz y Harriet Nelson; programas de televisión como *Papá sabe mejor* —y nuestras propias madres.

¿Quién ha oído la historia de una damisela rescatando a un caballero en peligro? Lo hacemos todo el tiempo, pero nos enseñan a hacer la cuenta de que es otro el que va en el asiento del conductor de nuestras vidas. ¡Esto no funciona! Es nuestro viaje, necesitamos hacer la carta de nuestro propio rumbo y tomar nuestras propias decisiones para poder ser auténticamente quienes realmente somos.

No importa adónde vayamos —al supermercado, a trabajar, a Europa, hacia una carrera, hacia el matrimonio—, necesitamos mapas que nos muestren cómo llegar a nuestro destino. Como mujeres que buscan ser libres de la dependencia emocional, nosotras también necesitamos mapas. Este libro ha sido trazado para proveerla de muchos mapas que me han ayudado a mí, a mis pacientes y amigas, a encontrar el camino hacia una mayor libertad interior. La animo a que los utilice pausadamente y con tolerancia.

Los mapas de ruta generalmente contienen uno grande, con un panorama general, además de otros más pequeños de las ciudades del área. Ahora le mostraré el «mapa grande» en lo que queda en este libro, al cual yo llamo:

El mapa C.R.A.

CONCIENCIARSE: *Tome* conciencia de sus sentimientos. El conocimiento es el comienzo del cambio exterior.

RECONOCIMIENTO: *Cuente* a alguna amiga de su confianza o a algún consejero que usted se ha percatado de su situación.

ACEPTACIÓN: *Honre* donde está y lo que está sintiendo. ¡Dese una oportunidad! Está usted bien como es, ¡aunque desee cambiar!

El primer paso, básico para cualquier cambio o desarrollo, por pequeño que sea, es saber qué sentimos, cómo sentimos y cómo nos gustaría cambiar nuestra vida. En otras palabras, primero debemos percatarnos de dónde estamos y adónde queremos llegar. Luego, debemos reconocer dónde estamos, a otra persona. El reconocimiento nos mantiene despiertas y nos ayuda a salir de nuestra propia negación. Cuando reconocemos sinceramente a una buena amiga que hemos tomado conciencia de nosotras mismas, es más probable que nos pongamos en movimiento hacia nuestro destino. Finalmente, la aceptación actúa como combustible, impulsándonos a salir de nuestros patrones limitantes, dándonos la energía necesaria para hacer los cambios necesarios.

Observemos más detenidamente estos tres pasos.

Concienciarse

Todos los cambios comienzan al tomar conciencia. Percatarnos de nuestros pensamientos y, lo que es más importante, de nuestros sentimientos, nos permite trabajar y cambiar nuestras actitudes y acciones. Si no tomamos conciencia de lo que estamos sintiendo, los sentimientos nos dominarán. Cuando sofocamos o reprimimos una emoción, perdemos el control sobre cómo expresarlo, aun así lo *expresamos*. Una emoción sofocada o reprimida elabora tal fuerza que se vuelve incontrolable y casi seguro que la expresamos de forma destructiva. Pero cuando hemos notado nuestros sentimientos precozmente, entonces podemos *elegir* la manera de expresarnos constructivamente.

Esto no quiere decir que sea fácil hacerlo. Muchas de nosotras pasamos toda la vida tratando de contentar a los demás, sin pensar jamás en lo que necesitamos o queremos.

Considere este poema de Roseanne, una mujer con una carrera, dos hijos, un marido y un suegro-que-vive-en-casa; difícil:

Sábado

La familia ha salido a dar un paseo,
he guardado las responsabilidades sobre el anaquel.
Este sábado he contado
cómo emplear algún tiempo en mí.

Pero la vida está llena de enfados,
este hecho debería haberme dado un indicio
para esperar complicaciones inesperadas...
¡He olvidado lo que me gustaría hacer!

Roseanne se había perdido a sí misma tratando constantemente de complacer a los demás. Se sentía deprimida porque había reprimido sus propias necesidades. Cuando se dio cuenta de que ella también tenía derechos, de que no debería sacrificarse en aras de su familia y su trabajo, también se percató de lo que quería y necesitaba. Durante la terapia comenzó a despegarse del viejo y pesado sentido de la responsabilidad hacia las vidas que la rodeaban. Actualmente se siente libre para buscarse una vida para sí y, consecuentemente, siente más amor por su familia.

¡Aviso! Cuando usted comience a honrar sus sentimientos y necesidades, algunos la tildarán de egoísta, o quizá usted sienta que lo es. La gran mayoría de nosotras fuimos enseñadas a pensar primero en los demás. Así que al principio nos sentiremos extrañas y hasta autoindulgentes al no negar nuestros sentimientos, deseos y necesidades. Pero si usted recuerda que el suprimirlos puede causarle más daño a usted que a sus seres queridos, le ayudará a tener el coraje de identificar lo que siente.

Otro obstáculo para tomar conciencia es la ceguera, que se paga rápidamente impidiéndonos ignorar el dolor y la ira. Cuando Ruth era pequeña, su madre le pegaba cuando no se comportaba bien o hablaba cuando no debía. Ruth aprendió a evadirse emocionalmente, a volverse insensible, a desconectarse de la gente y huir de las relaciones íntimas. Como niña, eran medidas de supervivencia; como adulta, todo le produce una gran pena.

Se desconectaba con tanta facilidad de sus sentimientos que no sentía el dolor de los golpes que le propinaba su madre. Hoy, la pequeña niña que hay dentro de ella, a la que todavía protege desesperadamente, tiene miedo de acercarse a la gente. Como resultado, se siente aislada y sola. Lo que en el pasado la ayudó a sobrevivir, hoy la mantiene separada.

Muchas de las elecciones que hicimos cuando éramos jóvenes eran sabias en su momento. Al aprender qué hacer con nuestros miedos, de forma nueva y creativa, debemos ser muy pacientes y suaves con nosotras mismas. No es apropiado sentir culpa por los hábitos infantiles que desarrollamos para sobrevivir. Después de todo, cuando tomamos esas tempranas decisiones, hicimos lo mejor que pudimos. ¡Y muchas veces fueron decisiones heroicas!

Ahora, sin embargo, nos podemos permitir pensar y sentir realmente apoyándonos en lo que sabemos y experimentamos. Simplemente tomar conciencia de que: «Ah, no me gusta cuando ella me dice eso», puede ser una liberación emocional importante. La libertad comienza cuando sabemos lo que sentimos.

La toma de conciencia empieza con una pregunta íntima que suena más o menos así: ¿Qué estoy sintiendo? ¿Cuándo comenzó? ¿Dónde se resiente mi cuerpo con esta tensión? ¿Es un sentimiento familiar? ¿Cómo me limita? ¿Qué es lo que me asusta?

Los diálogos interiores nos ayudan a dejar de echarle la culpa a las circunstancias y a otras personas por las heridas y desengaños recibidos en la vida. Nos permite asumir nuestras propias responsabilidades por nuestras reacciones. Mientras dialogamos con nosotras mismas, nos volveremos más capacitadas para sentarnos en el asiento del conductor de nuestras vidas.

La llave del éxito radica siempre en asumir nuestras responsabilidades. No podremos cambiar las cosas, pero sí podemos cambiar nuestras reacciones. ¿Qué hago? ¿Por qué? ¿Por qué digo esto? ¿Cómo estoy exponiendo esta situación?

El diálogo se debe llevar suavemente. Si usted se culpa y abusa verbalmente de sí misma por problemas y situaciones, se ahogará en la culpa, que no le ayudará a pasar a través de estos sentimientos incómodos. No utilice la responsabilidad como excusa para castigarse emocionalmente. Si empieza a sentirse culpable, pregúntese: ¿Quién está pidiéndome que me sienta mal? Probablemente escuchará una voz crítica interna, paterna o materna.

Frecuentemente, cuando utilizamos nuestro diálogo interno, la persona con quien hablamos es nuestra niña interior y vulnerable. Si no tratamos de ser muy comprensivas y tolerantes, esa niña se esconderá y no podremos entender las elecciones que está realizando, y que nos están limitando como adultas.

Percatarnos de nuestros sentimientos es como encender una luz en el armario para que todos los duendes salgan corriendo. Usted puede estar pensando: «Bueno, es fácil para usted hablar de diálogos interiores, pero yo tengo tanta basura encerrada que, si abro la puerta, todo me abrumará». Pues este es el motivo por el cual está usted leyendo este libro: porque le da las herramientas prácticas para poder tratar con nuestros miedos en dosis manejables.

En mi trabajo con mujeres descubrí que tenemos un mecanismo de control interior que nos va dando nuestros males en dosis que podemos manejar, esto es, poco a poco.

El temor a ser abrumadas puede impedir que queramos encarar nuestras dificultades.

Si usted siente que tiene temores escondidos que amenazan con irrumpir con fuerza volcánica, entonces busque un terapeuta inmediatamente, antes de trabajar sola. Algunas personas tienen miedos reprimidos que solamente pueden curarse con la ayuda paciente de un profesional.

A veces podrá necesitar de una mano fuerte y objetiva que sostener. Pero durante casi todo el tiempo podemos parcelar nuestros descubrimientos internos en trozos manejables, en trozos pequeños.

Reconocimiento

La próxima parada hacia el cambio es actuar sobre nuestra toma de conciencia. Reconocer plenamente nuestras nuevas realizaciones nos ayuda a reconectarnos con otros. Los secretos terribles nos separan de la gente. Son como setas... póngalas en un lugar oscuro, cubra abundantemente con estiércol, ¡y tendrá «setas»!

Reconocer nuestros sentimientos y creencias, sincera y suavemente, rompe el aislamiento y la soledad en la que vivimos. Todos necesitamos sentirnos comprendidos y conectados con otros. Dentro de un clima de amor sin críticas, podemos ser verdaderamente lo que debíamos ser.

Hay muchas clases de reconocimiento. Mi estilo es hablar honestamente de mis miedos y de los oscuros y feos sentimientos que hay en mi interior. Los procesos más rápidos y eficaces son cuando los verbalizo. Si salen a la luz, verbalmente colgados en la atmósfera, puedo desenmarañarlos, entenderlos y cambiarlos. Sin la comprensión de otros, me lleva más tiempo clasificarlos. Cuando hay pocos oídos comprensivos, utilizo mi diario para hablar conmigo misma.

Mi proceso interior mejora cuando lo exteriorizo. Si no lo hago, mis sentimientos me cogen por el cuello y me estrangulan. Ha sido absolutamente fundamental para mí, para desarrollar mi coraje, encontrar gente que me escuche sin juzgar y que entienda conmigo que «esto, también pasará». Yo clasifico mientras hablo, otros pueden utilizar diferentes métodos.

Tome conciencia de su forma más cómoda y natural de reconocer. ¿Qué es lo que la ayuda a progresar hasta ser verdaderamente usted misma? ¿Escribir lo que siente le ayuda? ¿Hablar sola en el coche? Sea flexible: experimente con lo que le sirva o no. Desarrolle el estilo que mejor le vaya.

En algún momento será importante reconocerlo ante otro. Le ayudará a reforzar su propio conocimiento y experimentar la aceptación por parte de otro ser humano, aumentará su propia aceptación.

Muchas veces creamos ambientes con limitaciones cuando hablamos con prejuicios y en términos de «no puedes ganar»: deberías, no debes, no deberías. Tales palabras activan una respuesta interna de: ¡no lo haré! ¡No puedo! Para tratar de resolver esta guerra civil interna, utilice palabras como: *puedo, escojo y quiero, puedo, quiero y no querré*. Puede parecer una técnica simplista, pero no lo es. Palabras tales como *debería* y *debo* implican que usted no tiene poder de elección. *Lo haré* y *escojo* son palabras que la liberan para poder tomar elecciones conscientes.

¿Alguna vez ha dicho: «Me siento triste», y al contestarle alguien severamente: «No deberías sentirte así», terminó con la conversación, no es cierto? Elija bien a las personas con las que comparta sus sentimientos más íntimos. Tiene derecho a tener sus propios sentimientos, sean cuales sean. Los de dolor pueden ser transmitidos y curados, dentro de un ambiente seguro y comprensivo.

Aprenda a ser usted también una amiga de confianza, haga amigos y encuentre terapeutas en quien crea que puede confiar. Utilice su intuición para hacer estas elecciones. Solamente podrá ser honesta al explorar sus sentimientos si no tiene miedo a las respuestas de los demás.

Cuando nos dicen «no deberías» sentirte triste, o solitaria, o lo que sea, titubearemos antes de abrirnos otra vez. ¡Y con sabiduría!

Necesitamos y nos merecemos que nos traten con ternura, respeto y comprensión. Mientras nos curamos y crecemos, es mejor manifestarnos solo con aquellos que nos reconocen bondadosamente.

Así que solo comparta sus secretos con alguien que la escuche sin juzgar. Mientras hablamos con alguna amiga íntima sobre nuestras deficiencias reales o imaginarias y de nuestra lucha por mejorar, aprendemos a perdonarnos.

Aceptación

Haga lo mejor que pueda, aunque aparentemente sean equivocaciones. ¿Quién es usted para juzgar si son errores? Solo puede obedecer ese impulso supremo que la inclina a contribuir con lo mejor que tiene sirviendo a su comunidad de hombres (mujeres) y ángeles. Así usted será un canal creciente de luz.

WHITE EAGLE

La tercera parte del mapa de carretera es la aceptación. Una vez que tome conciencia de sus pensamientos y sentimientos, y los reconozca, necesita aceptarlos para poder superarlos.

Recuerde, los sentimientos no son ni buenos ni malos —solamente *son*—. Cuando pueda aceptarlos como son, podrá correr el riesgo de ser sincera por fuera. Si usted se critica y juzga por ellos, se paralizará, se esconderá y se relacionará menos sinceramente, tanto consigo misma como con los demás.

¿A quién le gusta darse en la cabeza? ¿Cuántas veces ha dicho: «Sé que es una estupidez, pero me siento...», o: «Yo sé que es horrible, pero tengo ganas de...», o (uno de mis favoritos): «¡Oh, tonta de mí! ¿Cómo puedo ser tan estúpida?»? Si nuestros sentimientos siempre se encuentran con esta diatriba condenatoria, no nos sorprenda que los ocultemos.

Nos podemos liberar de las viejas dudas sobre el bien y el mal y del enjuiciamiento autocrítico. Mis conversaciones conmigo misma eran terribles. Por ejemplo, si no me gustaba alguien, me regañaba con cosas así: ¿Quién eres tú para que no te guste? ¡Tú tampoco eres nada del otro mundo! O solamente eres buena persona si amas a todo el mundo.

Ahora, cuando tengo estos sentimientos, los miro de frente para constatar si hay alguna lección que necesito aprender, confío en una amiga si es posible, y luego me digo algo así: está bien, rica. No tiene por qué gustarte todo el mundo.

Acepte sus sentimientos tal cual son. Cuando haga esto, se creará un clima interno que la conducirá al crecimiento y al cambio. Aceptándose, ya no necesitará esconderse o fingir; podrá hablar claramente, sacar los secretos a la luz, para que se transformen. La aceptación nos nutre, y al nutrirnos nos permite florecer y convertirnos en la hermosa flor que deberíamos ser.

Honre lo que es y lo que siente. Luego, si desea, puede hacer otra cosa. ¡Dese un descanso! Usted está bien y se encuentra en el buen camino de ser mejor.

El aceptarse tal cual es uno es un acto de perdón: usted perdonándose a sí misma. Hacerlo también crea un ambiente en el cual es más fácil perdonar y aceptar a otros.

Una excelente manera de crear perdón y aceptación es la visualización. Piense algo que no le gusta de sí misma o de lo que se arrepiente de haber hecho. Dígase: «Hice lo mejor que supe en ese momento, ahora me voy a perdonar». Visualícese poniendo su remordimiento en una cesta atada a un hermoso globo de helio. Seguidamente respire hondo y observe cómo el globo conteniendo la cesta se eleva. ¡Déjelo ir! Durante el día, repita la visualización. Dígase que ahora quiere liberar su culpa y discúlpese. No espere tener sentimientos instantáneos de libertad y paz interior. Las cosas que llevamos dentro durante un largo periodo necesitan tiempo para depurarse. Sea tierna y paciente consigo misma y, con el tiempo, cambiará.

La historia de Julie nos ejemplifica el poder del mapa C.R.A. La madre de Julie era crítica y abusiva. En sus sesiones de terapia conmigo *tomó conciencia* de que estaba intentando todas las respuestas correctas, para evadir cualquier posibilidad de más críticas y que la pudieran juzgar. Hacía lo imposible por complacerme (una figura madre) y ser aceptada por mí. Luego *reconoció* esta toma de conciencia a una amiga y ambas lo *aceptaron* sin juzgar.

En su siguiente sesión habló con tanta sinceridad de su yo interior, se sintió tan natural que, sencillamente, olvidó comunicarme su toma de conciencia. Al finalizar, se dio cuenta de que ya no trataba de complacerme. Luego me comentó cómo el uso del mapa C.R.A. la había liberado de su miedo hacia mí.

Como demuestra la historia de Julie, algunas veces lo único que necesitamos para cambiar nuestro patrón de comportamiento es poder *verlo* y *decirlo*. Recuerden, aceptar lo que ve y dice es absolutamente esencial, porque solo después de hacerlo podrá progresar hacia el cambio que limita su libertad. Solamente así experimentará los sentimientos internos de autenticidad que todas anhelamos.

Ser usted misma es su derecho innato. Tiene todas las herramientas dentro para poder expresarse y potenciarse sin ser limitada por el miedo.

SEGUNDA PARTE

Afrontar a los dragones en la mazmorra

CAPÍTULO 6
Miedos naturales y adquiridos

La mujer será abofeteada por
las circunstancias mientras crea
ser una criatura de inferior
condición; pero cuando toma
consciencia de que es un poder
creativo y que puede dominar
las semillas ocultas de su ser,
de las cuales crecen
las circunstancias, entonces
se vuelve dueña de sí misma.

JAMES ALLEN

S OMOS naturalmente curiosas, pero no naturalmente temerosas. Un niño nace con tan solo dos temores naturales: el miedo a caer y a los ruidos fuertes. Cuando un bebé se cae o escucha un sonido fuerte, inmediatamente activa el miedo como respuesta, inhalando profundamente y poniéndose rígido. A esta reacción física inicial le sigue un llanto de pánico. Cuando somos adultos, aún seguimos experimentando estos temores primarios naturales. *Todos* los demás, incluyendo el miedo a la muerte, son aprendidos.

Nuestras culturas, familias y gobiernos utilizan el miedo para controlarnos. El temor puede ser una forma útil y beneficiosa de instruirnos, pero con demasiada frecuencia se aplica incorrectamente, y nos condiciona a temores enfermizos. Salimos de la niñez llevando un yugo de ansiedades sin resolver, adquiridas por nuestras familias y sociedad, tales como miedo al fracaso, al apuro, a parecer ignorantes y a no ser tan buenas como las Pérez. Con el tiempo adoptamos los miedos como propios.

¿Cómo se produce el miedo u otra emoción? Nosotros, los humanos, tenemos tendencia a creer que el temor se crea por alguna criatura espantosa —como la serpiente que se acerca—. Pero en realidad el niño pequeño tiende a ser curioso más que temeroso ante tales cosas, hasta que lo condiciona la reacción frenética de la madre. Después de esto, surge el miedo en el niño ante la serpiente. Pero no ha sido creado por su presencia,

sino por la conexión en nuestra mente. Está causado por lo que nosotros decimos sobre las serpientes.

ELIZABETH GAWAIN

Mi madre le tenía un miedo tremendo a los perros. Nunca me dijo expresamente que los temiera, pero mi mente sensitiva de pequeña registraba su respuesta temblorosa cada vez que se acercaba uno. Aprendí que los perros eran peligrosos. Aunque nunca había sido mordida por uno y solo conocía una persona que lo había sido, mi cuerpo reaccionaba con una respuesta temerosa al ver a un perro desconocido, hasta que me di cuenta del origen del temor y este desapareció.

El miedo es provocado no por el mundo que nos rodea, sino por la mente, por lo que pensamos que podría pasar.

ELIZABETH GAWAIN

La buena noticia sobre el miedo aprendido es que podemos *desaprender*. Nos es posible liberarnos del dominio de nuestros miedos prestados, curar y poder afrontar los nuestros, solos. Desaprender el temor conlleva un fuerte deseo de ser libres, una voluntad de reentrenarnos, y paciencia. En esta era de vuelos supersónicos, ordenadores veloces y comida rápida, hemos aprendido a esperar gratificación instantánea.

No espere que le sirvan una vida sin miedos solo por leer este libro; autodescubrimiento, crecimiento y cambio no hacen esta labor. Sí habrá maravillosos momentos de conocimiento, pero sin el paciente trabajo diario para alcanzar el cambio habrán desaparecido.

Yo he estado trabajando durante veinticinco años para poder extirpar mi tenaz miedo a ser rechazada. Cuando comencé, la paciencia no era una de mis virtudes, y hubo momentos en los que me sentí desalentada, hasta el punto de la desesperación. Algunas veces recaía o me arrastraba lentamente hacia delante; pero verdaderamente puedo decir ahora que mi temor al rechazo es solo un hilo fino, una tela de araña muy frágil que limita mi vida, comparada con el momento que lo descubrí, que era una cadena con un ancla.

También se tiene miedo como resultado de alguna experiencia traumática. Muchas mujeres temen a los hombres porque han sido violadas, vejadas o víctimas de abuso físico o emocional. Si algo así le ha ocurrido a usted, probablemente necesitará la ayuda de un sacerdote, terapeuta u otra clase de colaboración profesional, que la ayude a descubrir y curar sus heridas internas.

No importa nuestro pasado, podemos volver a aprender nuestras actitudes fundamentales hacia la vida y también experimentar la profunda verdad de que tanto la vida como la amistad deben necesariamente estar llenas de temor. Así, podremos aprender a ver paso a paso al miedo no como algo que *somos,* sino que *tenemos.* Por ejemplo, muchas veces se habrá dicho: «¡Soy tan cobarde!». ¡No es verdad! Nunca acepte una definición de sí misma que la identifique con su miedo. Puede sentir temor, pero no significa que sea una cobarde. Cualquier esfuerzo consciente para no tratar de identificarse con sus temores merece llamarse valiente, casi heroico.

A medida que vaya perdiendo su identificación con ese miedo paralizador, deberá comenzar a tener más control sobre su vida. Gradualmente, se verá más grande y fuerte que ellos.

Trasladarse de *re-*acción del miedo a actuar *sobre* él, nos permite ser mucho más independientes y auténticas.

He aquí un ejercicio de desidentificación: la próxima vez que tenga conciencia del sentido del miedo, reconózcalo, acéptelo como un hecho del momento, y luego repítase muchas veces: «Tengo temor a (alturas, fracasos, ostras, etc.), pero yo no soy ese miedo».

Hemos llegado a creer que somos lo que sentimos. ¡No es así! Los sentimientos son absolutamente importantes, pero no la totalidad. Somos mucho, mucho más que nuestros sentimientos. Puede intentar este ejercicio: piense en algunas frases que sienta que son buenas definiciones de quién es usted, tales como:

Soy un punto fijo de autoconsciencia.
Yo soy.
Estoy perfectamente bien como estoy.
Soy demasiado sorprendente como para ser sondeada.
Soy una criatura de Dios.

Ahora, elija la frase que contenga mayor fuerza para usted y añádala a la afirmación de desidentificación. Yo podría decir: «Temo el rechazo, pero no soy ese miedo. Soy un alma hermosa, única, creada a la imagen de Dios». Utilice lo que mejor le venga. Esta es una herramienta poderosa que la protegerá de ser absorbida por el torbellino de su miedo.

Temores sepultados

No siempre podemos ser protegidas mientras crecemos, así que es inevitable haber tenido experiencias que van desde un susto pequeño hasta uno totalmente terrorífico.

Cuando algo nos pasa de pequeños, muchas veces no podemos verbalizar nuestros sentimientos solicitando ayuda y cura. Los niños que lo pueden hacer, ya sea con una mala conducta o con un grito, son los más afortunados. No lo son tanto los que se reprimen ante incidentes que los asustan y se encierran en sí mismos.

Hasta la edad de siete años, la mayoría de las veces se sienten responsable de las cosas que pasan en sus vidas. Si muere alguno de sus padres, o discuten, el niño siente que es por su culpa. La estructura de su ego aún no tiene el desarrollo suficiente para poder percibir la causa y el efecto como algo perteneciente a otros. Cuando somos niños, nos vemos como el centro del universo, el eje sobre el cual giran todos los acontecimientos; por eso, tendemos a asumir la responsabilidad de todo lo que pase.

Así, los que reprimen sus miedos, generalmente terminan sintiendo no solo temor, sino que también se sienten malos y desvalorizados.

La anécdota de Victoria es un buen caso para ilustrar. Como adulta, parecía ser admirada y tener éxito. Poseía una buena educación, un buen empleo, hijos y un marido que la apoyaba. Provenía de una familia aparentemente cariñosa, aunque estricta y represiva. Cuando llegó a terapia, sufría constantes pesadillas, un gran temor a acostarse sola, con poca autoestima crónica y grandes tendencias al suicidio. Sentía que estaba loca y la pregunta «¿por qué?» la atormentaba.

Se culpaba por no poder superar su depresión. Después de perder una cantidad alarmante de peso y pensando constantemente en el suicidio, se decidió por la terapia. Apoyada por su marido y por mí, como terapeuta, consiguió que una serie de recuerdos ya sepultados afloraran al consciente.

Comenzando por la infancia, había sido víctima de vejaciones sexuales y amenazas físicas. Por tener tanto sentido de la vergüenza y un poderoso sentimiento de culpa, había reprimido toda toma de conciencia de estas atrocidades. Sus defensas se desmoronaron al cumplir treinta y seis años y pudo encarar su tremenda crisis personal.

Aunque sus recuerdos fueran dolorosos, era muy importante para ella que salieran de su escondite, de las mazmorras donde los había encerrado. Ahora ya había una razón conocida para sus miedos aparentemente infundados. Los temores que experimentaba eran totalmente justificados, considerando lo que había pasado siendo niña. Actualmente podía comenzar a curarse.

Nuestros miedos son pistas que indican que tenemos cosas dentro que necesitan cura. Como se puede observar en el ejemplo extremo de Victoria, los temores sin resolver pueden debilitarnos y llegar a amenazar nuestra vida. Tener el coraje de buscar los orígenes de esos miedos es un primer paso necesario para poder llegar a lo que realmente somos, libres de limitaciones y capaces de vivir nuestras vidas al máximo potencial.

Si usted está experimentando temores que parecen no tener origen, desproporcionados ante la causa aparente de no tener una base «lógica», hágase un regalo: explórelos. Solo cuando los traemos al consciente podremos descubrir la forma de superarlos. Mientras permanezcan escondidos, no habrá elección al respecto, usted estará irremisiblemente en sus garras.

La mayoría de esos miedos ocultos se guardan bajo la alfombra, porque en algún momento nos pareció mejor esconderlos que tomar conciencia de ellos. Cuando emerjan, podrá sentir los miedos originales nuevamente. Por eso, para poder examinarlos, es esencial encontrar un clima de seguridad. Debe poder tener la convicción de que el riesgo que corre al mirar su origen es algo que puede conducir con seguridad. Antes de comenzar con dicha exploración, busque una persona o un grupo con el cual se sienta segura y que le inspire la confianza suficiente para su vulnerabilidad.

Como el origen de nuestros temores casi siempre se remonta a nuestra niñez, podemos esperar experimentar nuestro temor infantil mientras lo redescubrimos. Buscar apoyo emocional en tales circunstancias no es dependencia, es sabiduría.

Habrá muchos momentos en nuestro camino para ser nosotras mismas en los cuales necesitaremos la ayuda de otros, mientras aprendemos a dejar de identificarnos con nuestros miedos. ¿No piensa que sería una derrota si una amiga fuera atropellada por un camión y no dejara que un médico recompusiera sus huesos rotos o que sus amigos no la ayudaran durante la convalecencia? Dejar que otros nos nutran o soporten en ciertos momentos nos ayuda a sanar más deprisa. Cuando nos atropella un camión emocional, es tonto pensar que no debemos molestar a otros. Una fachada dura alienta la represión, no la curación. La primera nos encarcela, la segunda nos hace libres.

El temor crea realidad

De alguna manera, cosa que no comprendemos totalmente, en la mayoría de nosotras el miedo es un imán que nos atrae a las cosas que más tememos. Por ejemplo, hablar en público —y se dice que es el temor que más prevalece—. Llegamos al podio temblando dentro de nuestras botas y con un pánico mortal de olvidar el mensaje, y es probable que tengamos un lapsus mental. Si nuestra mente está sintonizada a un canal interno que nos repite constantemente nuestras letanías de temor, este será nuestra experiencia. Pero podemos cambiar de canal. Una técnica que nos ayudará en ese aspecto es evitar frases negativas que comiencen con «yo tengo»:

> *Tengo miedo.*
> *Tengo miedo a la autoridad.*
> *Tengo miedo a ser inútil.*
> *Tengo miedo a todo.*
> *Tengo miedo de ser cobarde.*
> *Tengo miedo de ser fea.*

Estas frases son negativas. Si llevamos etiquetas con nombres negativos, atraeremos compañía también negativa. Es así como nuestros pensamientos y sentimientos interiores crean circunstancias externas.

Muchos instructores de artes marciales creen que la actitud es tan importante como los movimientos físicos en esta disciplina. Se concentran instalando actitudes de confianza y seguridad en sus alumnos. Esto nos ayuda a defendernos de un ataque físico, pero también es importante para liberar cualquier sentimiento de victimismo que podamos tener.

Salir del modelo de víctima puede ser difícil, y será de gran ayuda encontrar un buen instructor o terapeuta que nos pueda guiar. Si usted ha sido víctima de abusos, incesto, violación o cualquier otra clase de vejación, por favor, busque la ayuda profesional. Las heridas causadas por estas experiencias traumáticas pueden ser más profundas de lo que creemos, y curarlas efectivamente necesita de la guía de un profesional.

Pero podemos ayudarnos con esta técnica simple. En vez de utilizar las frases que comiencen con «yo tengo», negativas, cuando hable de sus temores diga:

Siento miedo al (rechazo, etc.).
Algunas veces temo a la (autoridad).
En ocasiones puedo sentirme como una (cobarde).
Siento temor al (fracaso/éxito).
Cuando me pongo de pie frente al público, me siento
(nerviosa, con la lengua trabada, tonta).

Con estas frases reconoce tener miedo, pero no se identifica con ser una manifestación de ello. La diferencia es sutil, pero importante: usted tiene temores y puede curarlos. Usted no es sus temores.

A medida que vaya aprendiendo a curarlos, también aprenderá a actuar sin que la limiten. Ahora, cuando siento el miedo que grita dentro de mí, digo: «Gracias, cuerpo, te oigo». Luego, constato para ver si el miedo es una corriente o una vieja respuesta. Si es un patrón antiguo, le digo: «Voy a hacer lo que necesito hacer e ignorarte como si no estuvieras aquí».

Muchas veces, una interpretación errónea de nuestros miedos nos impide actuar. Creemos que no deberíamos temer y tratamos de esperar hasta sentirnos totalmente tranquilas antes de enfrentarnos a alguna dificultad o desafío que debamos resolver. Esta estrategia no funciona. Muchos de nuestros éxitos se llevan a cabo a pesar del miedo. Lo que es más, la ansiedad y el miedo a menudo pueden empujarnos a la acción.

Bill Russell, de los Boston Celtics —y uno de los más grandes profesionales de baloncesto de todos los tiempos—, se ponía tan nervioso antes de cada partido que vomitaba; pero nunca permitió que su miedo interfiriera en su carrera de jugador de primera. Hay algo heroico en el hecho de haber utilizado su talento al máximo, a pesar de sus temores.

Uno de mis pasatiempos es el teatro, me encanta actuar y disfruto con los ensayos, porque crear un personaje me resulta excitante. Pero la noche del estreno es una agonía para mí. Estoy *aterrada*. Me pregunto por qué he decidido hacer algo tan ridículo. ¿Por qué me he preparado para fracasar? Seguramente quedaré como una perfecta idiota y dejaré a los demás en la estacada. Se me olvida el diálogo. Resumiendo, tengo un miedo horrible.

De manera similar, pero en grado más leve, esto me pasa cada vez que tengo que hablar en público durante un seminario o una conferencia. Pero me aseguro a mí misma que debo decir algo que vale la pena y lo hago. Una vez en acción, me divierto. Es casi como si la energía que genero me llevara a hacer un trabajo mejor.

Este proceso puede fallar, como me sucedió en una ocasión memorable. Fue en el instituto, la «Noche de Literatura», donde los clubes literarios competían con discursos, monólogos y lectura de poemas. Yo iba a hacer un monólogo humorístico sobre fajas (¿las recuerda?). La niña que iba delante de mí olvidó su diálogo, y mi reacción fue un sudor frío, de terror, pensando que yo también olvidaría el mío. Así fue, porque aunque sabía de memoria y perfectamente lo que debía decir, sintonicé mi mente al canal del pánico y mi diálogo interno de temor y perdí la memoria.

Como nos demuestra la anécdota mencionada, hay una frase de la Biblia que expresa una verdad profunda: «¡Ay!, lo que más temía ha venido a pasar». Si tememos a las enfermedades, es posible que enfermemos. Si tememos al abandono, es posible que suframos esas experiencias. Hablando por mí misma, cuando temo al rechazo me acerco a la gente cautelosamente; inevitablemente, ellos sienten que soy fría, o que no les tengo confianza; de esta manera mi propio miedo crea el rechazo, del cual estoy intentando protegerme.

Estoy aprendiendo a no permitir que el miedo me impida hacer las cosas que quiero. Hablar en público no es ir de merienda —no me enloquece sudar tanto, mojándome hasta la cintura, sentir náuseas y pánico—, pero he aprendido a través de la experiencia que cuando lo encaro y supero, disminuye, y termino disfrutando con las mismas tareas que en un principio activaron mi miedo. El dar pasos pequeños, a pesar del temor, se llama *desensibilización*. Al preservar y hacer, el miedo comienza a abandonarnos.

Robin, una paciente mía, tenía miedo de conducir fuera de la ciudad. Comenzamos a desensibilizarla pidiéndole que (en la seguridad de mi despacho) cerrara los ojos e imaginara que estaba conduciendo. Cuando se presentaba la angustia, utilizábamos técnicas de relajación. Cuando pudo visualizarse en la calle, saliendo de su casa sin ansiedad, dio otro pequeño paso: mientras estaba sentada en el coche, en su garaje, visualizaba que conducía a casi dos kilómetros de su casa. Con pequeños y exitosos pasos, venció su miedo y ahora se siente muy bien conduciendo en cualquier parte.

Muchas de nosotras, desgraciadamente, tenemos un legado de temores: nuestra tarea es deshacernos de esa herencia que nos coarta y reclamar nuestro derecho innato: la libertad y el coraje de ser nosotras mismas.

Usted puede empezar inmediatamente a transformar sus miedos, cambiando los pensamientos. No importa cuántas veces se angustie y atemorice, siga afirmando que esos temores no le pertenecen y que algún día los superará completamente. Gradualmente, poco a poco, sus afirmaciones positivas crecerán con más fuerza, hasta empujar hacia atrás las barreras del miedo. Recuerde: sus miedos no son usted, y usted no es sus temores. Usted puede disminuirlos. Puede actuar a pesar de ellos. Usted puede ser libre.

Examine su pasado dentro de una atmósfera de placentera curación y autorrespeto. Ya ha realizado mucho trabajo valientemente —ha sobrevivido a pesar de los obstáculos—, acredítese por su heroísmo innato y continúe trabajando para poder cristalizar su derecho a la libertad emocional.

CAPÍTULO 7

Suposiciones latentes y creencias ocultas; las cosas que nos han hecho tragar

El primer problema para todos,
hombres y mujeres, no es
aprender, sino desaprender.

GLORIA STEINEM

NUESTRAS profundas y muchas veces inconscientes creencias y suposiciones determinan si tenemos el coraje de ser auténticas o si continuamente buscamos que los demás nos definan quiénes somos. Para poder liberarnos de las ataduras de la dependencia emocional necesitamos explorar nuestras convicciones ocultas e hipótesis: cómo adquirimos estos dragones, por qué tememos mirarlos y qué podemos hacer con ellos una vez encontrado el coraje de enfrentarlos.

Mientras crecemos, estamos expuestas a muchas actitudes, ideas, sentimientos y prejuicios de nuestros padres, familias y sociedad en general. Absorbemos y mimetizamos todo lo que vemos y sentimos a nuestro alrededor. Constantemente nos vemos inundadas de estímulos, mensajes subliminales y sugerencias, muchos de los cuales van en detrimento de nuestro crecimiento interior y nuestra libertad:

No eres la concha de la playa.
Si no puedes decir cosas agradables, no digas nada.
Nunca te colgarán por tu belleza.

Estas frases provienen del libro *Momalies: As Mother Used to Say**. Todas crecimos escuchando dichos similares, que nos limitaban porque de niñas creíamos en ellos. Los tragábamos enteros.

---

* Se podría traducir como *Momalies: como solía decir mi madre. (N. del T.)*

En mi opinión, el libro debía haberse titulado *Momma Lies* (Mentiras de madre). ¿Cómo no nos íbamos a creer tales frases? Como niñas pequeñas, aprendimos a no confiar en nuestro natural discernimiento y comenzamos a defendernos de nuestros padres, maestros y otros adultos para aprender las verdades de la vida. A medida que íbamos creciendo, recibíamos más instrucciones:

> *Las mujeres deberían quedarse sin zapatos y embarazadas.*
> *El sitio de la mujer es el hogar.*
> *La belleza física es esencial para la felicidad.*
> *(Y más sutil). Los hombres valen más que las mujeres.*

Aunque en las décadas pasadas hemos caminado mucho hacia la igualdad, todavía tenemos bastante que recorrer antes que la sociedad, y nosotras, realmente igualemos las creencias que *pensamos* tener. Como paradigma, recientes estudios realizados sobre la diferencia en la atención de los maestros a niños y niñas en la escuela elemental nos muestran que ellos reciben mayor atención, que el maestro o la maestra creen que él o ella no tienen prejuicios. Es más, los educadores sostenían que estaban comprometidos conscientemente en dar a cada niño la misma cantidad y calidad de instrucción y atención sin mirar el sexo. Solo al ver los vídeos realizados durante sus clases repararon que inconsciente y frecuentemente favorecían a los varones. Si gente inteligente y cariñosa dedicada a la importantísima y delicada tarea de la enseñanza refuerza —sin quererlo— la idea de la sociedad acerca de la superioridad masculina, imaginen de qué otra parte recibimos la misma idea. ¡No es una sorpresa que seamos dependientes y que regularmente nos sintamos menospreciadas!

Los mensajes erróneos que nos tragamos cuando somos niñas se convierten en suposiciones latentes y creencias implícitas, y conducimos nuestras vidas de acuerdo con ellas, al convertirnos en seres emocionalmente dependientes de los demás, porque «ellos deben saber más que nosotras». Como muchas de estas nociones están ocultas, no nos damos cuenta de cómo rigen nuestras actitudes y reacciones —a menos que, conscientemente, las saquemos a la luz, para poder transformarlas—. *Latentes* es la palabra operativa, ya que están *debajo* de nuestro consciente y nos mienten sobre la realidad. Liberarnos de creencias que nos limitan y devalúan es la llave para poder vivir con todo nuestro potencial y expresar nuestra autenticidad.

Nuestras suposiciones nos gobiernan tanto como un piloto automático guía a un avión. Por ejemplo, si tenemos las creencias ocultas de que la vida es dura o que el sexo es sucio, tendremos los sentimientos que les corresponden. De esta forma, las convicciones que esconde la consciencia pueden emerger como acciones motivadas por el inconsciente. Es más, nuestras acciones reflejarán nuestros sentimientos ocultos.

Cuando Jane se prometió, su padre tuvo la única conversación de «hombre a hombre» que jamás sostuvieron. Él pensó que debería saber que su madre era frígida y que existía la posibilidad de que ella también lo fuera.

Hasta ese momento, Jane había disfrutado con el sexo, aunque se sentía un poco culpable de su placer. Durante toda su vida le habían dicho que era igual que su madre; entonces, el horrible pensamiento de que también podría ser frígida pasó por su mente. Pero inmediatamente trató de ocultárselo, mas el acto sexual pronto comenzó a ser un problema para ella y su flamante marido. Solo cuando sus suposiciones latentes y miedos emergieron a la superficie, reconocidos y aceptados, descubrió que era una mujer sana, sensual y sexual. Su padre le había servido en un plato la posibilidad de la frigidez y ella se lo había tragado entero.

Nuestras suposiciones inconscientes generan actitudes y acciones que influencian nuestras vidas en formas a las que somos totalmente inconscientes. Frecuentemente configuran nuestra elección de marido, carrera, hogar, amigos y estilo de vida.

Mary se percató de que, durante años, insistentemente elegía hombres menos inteligentes que ella, generalmente hombres a quienes podía dominar. Sus relaciones eran dolorosas con frecuencia y le causaban un frustrante aislamiento intelectual.

Su padre, que era mentalmente desequilibrado, dominaba por completo a su madre. El miedo de esta a contrariarlo la mantenía en el papel de víctima. Aun cuando era joven, Mary se daba cuenta de la ira y vergüenza de su madre, al no haber equilibrio en la relación de pareja. Había sentido el dolor de su madre, y llegó a la conclusión de que todas las relaciones tenían un solo lado y se juró que ella nunca sería inferior a su pareja. Hasta que descubrió que sus creencias ocultas eran las que conducían sus acciones; no había considerado la posibilidad de vivir al lado de alguien en plan igualitario.

Cuántas veces he oído a una mujer decir: «No puedo hacer (——) o (——)». He aquí un ejemplo de una suposición muy conocida: las mujeres no tienen tan buena cabeza para las matemáticas como los hombres. Estudios infantiles realizados han demostrado que las niñas son naturalmente tan capaces para los números como los niños. Sin embargo, cuando ellas crecen oyendo mensajes sutiles (y a veces no tanto) de sus maestros, padres, otros compañeros y en la literatura con prejuicios, creen esa mentira; comienzan a vivir «hacia abajo» de acuerdo con las expectativas de los demás.

Cuando cursaba la escuela primaria y los primeros años de la secundaria, sacaba notas muy altas en geometría. Después, en el último curso, empecé a creer lo que generalmente dice la gente acerca de la imposibilidad de las mujeres con las matemáticas. Durante mucho tiempo, siendo adulta, me mareaba cada vez que leía un extracto bancario. Pensaba: «Yo no puedo entender esto», y, consecuentemente, no podía.

A medida que vamos descubriendo las creencias ocultas que nos limitan y las reemplazamos con suposiciones válidas y realizaciones, damos un paso gigantesco en el cambio de nuestro comportamiento, sentimientos y vida. Al curar todas esas falsas suposiciones y actitudes creamos nuevos patrones de conducta, abrimos las puertas al ser que realmente somos. Salir de las creencias limitantes no es ser egoístas, porque cada vez que nos liberamos de nuestras restricciones creamos un modelo de crecimiento que alienta a las demás a penetrar y curar sus propias regiones internas.

Creencias

Cada una de nosotras funciona con unas creencias preestablecidas. En nuestras vidas, los sistemas de convicciones crean orden y estructura. Hacen que las decisiones importantes sean más llevaderas y nos aportan la base para nuestra ética, moralidad y filosofía. Nuestra personalidad está estructurada por las creencias que aprendimos de nuestros padres, maestros, amigos y la cultura en la que vivimos.

Las creencias de nuestros padres se hicieron nuestras. Como adultas ya no necesitamos que nos señalen el bien y el mal, porque las voces de nuestros mayores están arraigadas en nosotras, diciéndonos cómo debemos comportarnos y lo que se espera de nosotras.

Nuestras creencias también surgen según nuestra interpretación de lo que vemos y oímos mientras crecemos. Es interesante notar que estas, frecuentemente, se basan más en la interpretación que en los hechos. Mildred siempre cortaba la punta del jamón antes de asarlo. Nunca se cuestionó la lógica de su comportamiento, hasta que su hijo, un día, le preguntó por qué lo hacía. Porque su madre también lo hacía. Cuando su hijo la sondeó, descubrió que su abuela tenía una explicación lógica: su parrilla era demasiado pequeña para contener un jamón entero. La creencia de Mildred no se basaba en una verdad, sino en su propia interpretación banal de las acciones de su madre, a las que consideraba buenas y correctas, sin importarle el origen.

Nuestras creencias también pueden ser originadas por el miedo. Si tememos ser rechazadas, podremos creer que no es seguro estar en desacuerdo con otros. Cuando nuestras opiniones van en contra de las creencias populares, podremos encontrar dificultad en expresar lo que pensamos. ¿Por qué? Porque tememos el rechazo.

También la civilización que nos rodea propaga creencias falsas como: los hombres son más fuertes que las mujeres, y los hombres deben ganar más dinero porque tienen que alimentar a la familia. (La verdad, una de cada tres familias norteamericanas hoy en día es alimentada por una mujer.)

Se comenta mucho que la tarea de la mujer en la casa es tan importante como el trabajo del hombre —hasta se le asigna un valor monetario a la labor cumplida—. Las mujeres muy tranquilamente están de acuerdo con la creencia predominante de que el dinero que trae el hombre a casa se debe gastar según él disponga. La convicción de que no tenemos dinero propio nos puede hacer sentir dependencia hacia el hombre, confusión hacia nuestros derechos y limitación en nuestros gustos. Una mujer que crea no tener el empuje para disponer o ganar dinero no podrá poner límites a conductas destructivas en el hogar, incluyendo el abuso físico y emocional.

Aunque necesitamos creencias que nos guíen, las falsas pueden ser un obstáculo. Otra forma perjudicial son las engañosas suposiciones sobre otras mujeres:

> *Las mujeres son demasiado emocionales.*
> *Las mujeres son brujas y mezquinas.*
> *Las mujeres no son dignas de confianza.*
> *Las mujeres no son tan capaces como los hombres.*

Cuando mi primer marido me dejó por mi mejor amiga, comencé a creer que no se puede confiar en las mujeres. Sin embargo, esa única dolorosa excepción (y algunos agudísimos traumas de la adolescencia) no era mi experiencia con las mujeres. Pensaba que no podía confiar en ellas, pero mi vida estaba virtualmente llena de mujeres que merecían toda mi confianza. Mi nueva creencia me producía una paradoja, y, como la mente racional tiene dificultades con las paradojas, sepulté el conflicto en mi subconsciente —creando así algunos sentimientos bastante irracionales hacia mis leales amigas—.

Afortunadamente, los orígenes de mi desconfianza se fueron desvelando y fui capaz de poder hablar con ellas y liberarme de mi tormento interior.

Una parte bastante importante de nuestro trabajo hacia el crecimiento emocional y el cambio vendrá del examen que hagamos de nuestro sistema de creencias en todas las áreas de nuestra vida. Especialmente importantes son nuestros conceptos sobre otras mujeres, pues los negativos de nuestras amigas nos separarán de las personas más señaladas con quienes compartir cosas y que se alegrarán de nuestro triunfo sobre la dependencia emocional. Todas estamos en el proceso de evolución, de ciudadanas de segunda a primera. Cuando nos aislamos de otras mujeres, sutilmente nos estamos aislando de nosotras mismas.

Para tomar el coraje de serlo, necesitaremos encararnos a las creencias que nos mantienen pegadas donde estamos ahora. ¿Qué ideas hemos tragado que ahora no encontramos válidas? ¿A qué creencias, suposiciones y actitudes se está usted aferrando que no mejoran su vida? Es tiempo de liberarse de sus convicciones desgastadas, asesinas de su felicidad, tales como: debo decir a todo que sí, no tienes suficiente talento o experiencia para conseguir un buen trabajo, o nunca tendrás una relación amorosa que te respalde y sea excitante.

Frases simientes: ¿Maleza o flores?

Las frases simientes son un grupo de ideas, orales o escritas, que todas creamos para mantenernos congruentes con nuestras suposiciones latentes y creencias ocultas. Si son autoafirmativas y nos apoyan, seremos naturalmente independientes, creativas y entusiastas con nuestras vidas. Estas son las que llamo frases florales. Cuando son derogatorias, seremos emocionalmente dependientes y no podremos encontrarnos a nosotras mismas. Esas son maleza.

Casi ninguna frase simiente se manifiesta, son casi subconscientes, son trazos y trozos de ideas que hemos ido incorporando hasta que formaron el núcleo de la creencia sobre nosotras. Las frases simientes las recibimos de muchas fuentes —padres, películas, televisión, revistas, propaganda— y contribuyen a la formación de cómo debemos vivir y qué esperamos recibir de los demás. Nuestras vidas, en efecto, brotan de esas frases que llevamos dentro.

Si todas ellas se convirtieran en hermosas flores, nuestras vidas serían jardines llenos de gracia y belleza. Desgraciadamente, la mayoría hemos juntado maleza que crece como los cardos y espinas, ahogando nuestra espontaneidad y la realización de nuestros auténticos seres.

He aquí algunos paradigmas de frases simientes florales:

> *Soy una persona que vale la pena.*
> *Merezco ser amada.*
> *Soy amable.*
> *Puedo hacer todo lo que me propongo.*

Si usted tiene estas frases germinando en su subconsciente, probablemente tendrá una vida maravillosa, llena de personas que la quieran. Cuando se mira en el espejo por la mañana, está contenta con lo que ve.

Las frases maleza son:

> *Nunca hago nada bien.*
> *No merezco ser amada.*
> *No sirvo para (———) o (———).*
> *Todas hacen las cosas mejor que yo.*

Si constantemente se repite este tipo de frases, indudablemente se siente mal consigo misma. Cuando la gente trata de amarla, usted cuestiona sus motivos. ¿Cómo puede amarme a *mí*? No deben ser muy inteligentes. Las frases maleza van emparejadas con la poca estima.

Brenda, una niña que estaba cursando el último año de escuela secundaria, sentía que era una perdedora. Sus frases simientes eran:

«¡Estoy demasiado gorda. *Miss Caderas* es mi nombre. Soy demasiado estúpida (sus notas eran sobresalientes). No soy atractiva para los chicos. Nunca encontraré un chico guapo al que gustar!».

Con estas frases zumbando en su cabeza adoptó una actitud cáustica que asustaba a la gente. Cada vez que le gustaba un muchacho y él se aventuraba a penetrar su dura fachada, lo consideraba un fenómeno. Cualquiera que se interesara por ella seguramente era un perdedor. Esa doble atadura le impedía conseguir lo que quería.

Mediante terapia, comenzamos a arrancar algunas de sus frases maleza y reponerlas por hermosas y certeras frases florales. Ingresó en la universidad y hubo dos hombres, no uno, que se quedaron apenados de verla partir.

Otra persona que demostró el poder de las frases simientes es Connie. La tarde que recibió su máster, recordó cuando era pequeña y una maestra comentó a su madre: «Qué suerte que Connie sea bella, porque no es muy inteligente». Ella lo tomó muy en serio y no importaba las notas que sacara, siempre se sentía tonta. El comentario de su maestra se había convertido en una frase simiente interiorizada: «¡Soy bonita, pero tonta, soy una maleza!».

¿Cómo conseguimos nuestro paquete de pensamientos-maleza? La gente hace los comentarios más increíblemente irresponsables delante de los oídos sensibles de los niños: «Tiene una cara que solo a su madre podría gustarle». Los niños captan esas frases con autoridad, porque provienen de personas más altas que ellos.

«Pero si solo estaba bromeando.» ¿Alguna vez escuchó eso? No la hacía sentirse nada mejor, ¿verdad? Importunar es una hostilidad velada, y casi nunca tiene gracia, a menos que la persona importunada desee seguir con el juego. Hay una forma suave de importunio amoroso, pero en el 98 % de las veces causa dolor.

No importa la edad que tengamos, todas tenemos áreas sensibles por las cuales pueden penetrar frases insidiosas a nuestro subconsciente. Todas somos especialmente vulnerables a cierto tipo de sugerencias. Por ejemplo, yo descubrí una frase simiente que llevaba desde niña: «Las mujeres no son felices». Nadie me lo había dicho, pero siempre sentí que era verdad. Las mujeres que conocía no parecían serlo, suspiraban y se quejaban, y eso me parecía infelicidad.

Mientras crecía, acumulé datos que apoyaban mi creencia oculta acerca de la infelicidad femenina. Una de las lamentaciones preferidas de mi madre, dicha con un suspiro entre dientes, era: «Un hombre podrá trabajar de sol a sol, pero el trabajo de una mujer nunca acaba». Yo me preguntaba: ¿Cómo pueden las mujeres ser felices si tienen que trabajar todo el tiempo? Otra semilla maleza para la infelicidad.

Quizá totalmente pronosticado, mi primer matrimonio no fue feliz, y poco a poco me he ido dando cuenta de que mi infelicidad lo había precedido. Raro como pueda parecer, no me sentía cómoda cuando era feliz. Cada vez que lo era, sentía miedo, porque de alguna manera presentía que perdía el «equilibrio», así que comenzaba a buscar motivos para reñir, estaba malhumorada y saboteaba toda situación agradable. La infelicidad era la zona cómoda de mi subconsciente. No ser feliz concordaba con mi creencia oculta de la infelicidad femenina.

Cuando recapacité sobre esa creencia, autoderrotista y oculta, empecé a trabajar para cambiarla. Poco a poco, me permití ser feliz. Reemplacé mis frases maleza por: «¡Tengo derecho a ser feliz; es bueno sentirse bien!». Ahora estoy cómoda con mi felicidad y he inventado algunas frases afirmativas nuevas para reafirmar esta nueva toma de conciencia: «Las mujeres merecen ser felices y divertirse. ¡Yo merezco ser feliz y pasarlo bien!».

Gravitamos hacia lo familiar y rehuimos lo desconocido. Cuando vamos contra nuestras frases simientes, sentimos nuestra propia pérdida de integridad. No confiamos en lo que está fuera de nuestra experiencia. La mía había sido que las mujeres no eran felices. Esto no era necesariamente cierto en los mayores a los que yo observaba, solo yo lo percibía como verdad. Arrancar la semilla negativa de mi subconsciente me ayudó a ser lo que realmente soy: fundamentalmente una mujer feliz.

En el transcurso de una tarde placentera con su hermano y familia, Lily notó que se estaba deprimiendo sin razón aparente. Mientras devanaba la madeja de sus pensamientos, descubrió una frase simiente que rondaba en su mente: Todo lo bueno tiene su fin. Comenzó a entristecerse con la idea prematura de la partida de sus parientes. Su frase simiente la estaba condicionando para sentir pena de antemano. No podía disfrutar del momento porque la idea de la pérdida lo ensombrecía.

Arrancar nuestras malezas emocionales es importante, porque las frases simientes interiores, como «Si soy rechazada, moriré», suenan dramáticas y grandiosas, pero la niña interna que no se encuentra bien y vive dentro de nosotras lo percibe como un rechazo que amenaza su vida. Con la toma de conciencia de cómo nos debilitan estas frases simientes, podemos comenzar a reponerlas por pensamientos opuestos y curativos.

Habiendo asimilado el terror interno y lo amenazante que es el rechazo, somos libres para elegir pensamientos que nos ayuden a coger el timón justo antes que el inconsciente nos controle. Notar que las frases maleza nos mutilan y atemorizan, podemos reemplazarlas por frases florales, que nos liberan y nos guían hacia la independencia emocional de tomar nuestras propias decisiones, basadas en lo que es correcto y no es nuestro miedo. Y de eso se trata al hablar de independencia emocional.

Dos de las fuerzas que conforman nuestras creencias son la religión y la sociedad. ¡Muchas veces creo que deben ser conocidos como los Hermanos Grimm! En el pasado, raras veces las mujeres cuestionaban la verdad o realidad de las suposiciones de la religión o la sociedad. Se sentían sin fuerzas para cambiar las equivocaciones. Sentirnos desasistidas nos hunde aún más en la dependencia emocional.

Uno de los mayores enemigos ha sido el sentido interno de la autoridad, que nos mantenía crédulas a lo que sobre nosotras decían las instituciones políticas, culturales y religiosas. Hasta hace pocos años, los hombres eran virtualmente los dueños de «sus» mujeres. En cuanto contraía matrimonio, la mujer pasaba a ser propiedad de su marido (aún persiste en muchos países). Los padres pagaban a los esposos una dote para asumir la responsabilidad de sus hijas. Eso podría hacer que ciertas mujeres se sintieran materialmente seguras, pero, ciertamente, no alentaba a las jóvenes a pensar que eran únicas y apreciadas.

¿Alguna vez ha tenido la secreta convicción de que la sociedad sentía pena de su padre porque usted no había nacido varón? Peor aún: ¿En alguna ocasión ha pensado que sus padres se sentían desilusionados porque usted había nacido niña? Muchas de nosotras hemos adoptado las creencias legadas por la sociedad de que en varios aspectos «somos menos» que los hombres.

Mientras muchas podemos mirar hacia atrás para examinar nuestras asociaciones religiosas tempranas, que nos hicieron sentir seguras, amadas y nos alentaban a ser mejores, otras no han sido tan afortunadas. Lo que oíamos en la Iglesia era: «Señor, perdóname, pues soy una miserable pecadora». En muchas organizaciones religiosas, la culpa y el pecado son conceptos de la Edad de Piedra. Todos los hombres (!) nacieron pecadores, y, si has pecado, sufrirás desde el eterno calor de un lago de fuego, a muchas vidas purgando el mal karma en el que has incurrido.

La palabra «sin» (que quiere decir pecado en inglés) es un término utilizado en la arquería, significa «no dar en el blanco» —una interpretación mucho más bondadosa que la dada por muchas religiones ortodoxas—. Lo que es más, pocas comunidades religiosas están satisfechas con la definición del pecado dada en la Biblia (los Diez Mandamientos, por ejemplo). Los jefes religiosos, a menudo, creen que es su deber crear nuevos pecados: hasta no hace mucho, una mujer que mostraba sus tobillos era una Jezabel. Una que fumara era de vida licenciosa.

Es provechoso recordar las frases simientes que usted ha llevado consigo, traspasadas por sus asociaciones religiosas o por la sociedad. Un gran número de mis pacientes vienen con un legado de ambientes que fomentan la culpa. Eso y el miedo las mantiene emocionalmente dependientes y les impide experimentar su auténtico yo.

Lynn es una mujer de negocios con éxito, madre soltera, respetada y amada dentro de su comunidad. Pasó su niñez en un estricto colegio religioso, donde obedecer las reglas era el máximo requisito. Nunca desobedeció, pero tampoco se sintió bien consigo misma, no importaba cuánta aprobación exterior recibiera. En terapia tuvo un vívido y doloroso recuerdo de una maestra muy severa que dijo: «¡Nunca lo haces bien!». Lynn, una niña sensible, se apropió de ese pensamiento hasta convertirlo en una creencia básica, acompañada por la frase simiente: «Nunca lo hago bien». Ya adulta, aunque casi siempre hacía bien las cosas, nunca se sintió como una persona que actuara correctamente.

La espiritualidad es probablemente el aspecto más importante que los humanos necesitamos para explorar y expandir, pero no creo que podamos sondear nuestros auténticos seres espirituales mientras no nos liberemos de las ataduras incuestionadas y creencias autocondenatorias adquiridas en nuestro contacto con la sociedad y con algunas religiones ortodoxas.

Muchas de nuestras frases simientes semiinconscientes expresan temor a ofender a los demás. El problema es que nuestra libertad disminuye si tememos poner límites a los demás. Con eso no quiero decir que aconsejo aspereza o falta de cortesía —es importante para nuestra propia estima pensar bien de los demás—, pero anhelar la aprobación de otros para poder sentirnos bien mata la creatividad y la autenticidad.

Las mujeres tienden a encadenarse a los estados de ánimo de los otros. ¿Qué pasa cuando su marido, jefe o hijos están de mal humor y nada los complace? ¿Baila usted alrededor como un oso amaestrado, tratando de que rían y sean felices? Yo sí lo hacía, porque siempre sentí que era la responsable de ese malhumor. Cuando me rechazaban, me sentía menos persona. No podía soportar el rechazo, así que trataba de bailar a cualquier ritmo que me tocaran inaudiblemente. Nunca funcionó, me enfadaba conmigo misma por comportarme como un felpudo.

Al liberarme de la dependencia emocional, aprendí, y parafraseando las palabras de un excelente libro de Laura Huxley, *Yo no soy el blanco*, a dar un paso atrás en la situación. Ante la presencia de vibraciones de ira o rechazo, mi estómago aún se hace un nudo, se me cierra la garganta y deseo correr hacia la lata de galletas más cercana para consolarme, pero le digo a mi cuerpo y a mi pequeña niña interior: «¡Estamos bien! ¡Estamos seguras!». Con esas nuevas frases simientes, tranquilizadoras y potentes, encuentro que mi miedo se disipa y termino sintiéndome muy contenta conmigo misma.

La siguiente es una lista de esas frases simientes y apodos comunes. ¿Cuáles recogió usted mientras crecía? Haga una lista. Mírela y comience a negarle el poder que tienen sobre su toma de conciencia. Reponga esas frases maleza con flores y se verá libre de su influencia sobre su comportamiento.

¿Son sus frases simientes rosa, lila o junquillo? ¿O pyracantha, hiedra venenosa o hierba que apesta?

Frases simientes:
Cosas que hemos tragado enteras

1. Debería haber sido un varón.
2. Las lágrimas son una forma de autocompasión.
3. Use una faja y mantenga las piernas cruzadas... las chicas buenas no...
4. Las chicas buenas hacen más que su...
5. Las mujeres no son felices.
6. Yo soy responsable de la felicidad de los demás.
7. No se puede confiar en las mujeres/los hombres.
8. El mundo es cruel.
9. Las mujeres mayores de cuarenta no son atractivas.

10. Soy fea, nadie me quiere.
11. No puedo...
12. No se lava la ropa sucia en público.
13. Siempre me debo sentir «bien».
14. Nada de lo que hago es suficiente.
15. Eso es trabajo de hombres (o eso es trabajo de mujeres).
16. Los niños son mi responsabilidad.
17. Mi hermana (amante, hermano, hijo, perro) es mejor que yo.
18. La vida es dura y luego mueres.

Ponga usted sus propias frases simientes

1. _____
2. _____
3. _____
4. _____
5. _____
6. _____

Apodos

1. Mofletes redondos.
2. Grasitas.
3. Gordita.
4. Palillo.
5. Pecas.
6. Juanita la inquita.
7. Cuatro ojos.
8. Miss caderas.
9. Petimetre.
10. Bebé.

11. Felpudo.
12. Tontaina.

Algunos de sus apodos

1. _____
2. _____
3. _____
4. _____

Liberarnos de las suposiciones latentes y trabajar para llevar nuestras creencias hacia la meta armónica, darnos el apoyo cariñoso que necesitamos, lleva tiempo y no es fácil; necesitamos cuidarnos y recordar que debemos amar a nuestros vecinos como a nosotras mismas, pero sin eliminarnos. Como natural extensión de nuestro propio amor, aprenderemos a amar a otros más plenamente y con más autenticidad.

Tome conciencia de sus creencias. Atráigalas hacia la luz de su conocimiento presente y adulto. Reconozca suavemente que son lo que son. Luego, acepte que constituyen lo que usted creía hasta el momento y que puede transformarlas en creencias que le permitan expresar lo que realmente es.

Finalmente, comience a trabajar con paciencia para cambiarlas.

CAPÍTULO 8

Las caras del miedo

*El temor es la cuestión. ¿De qué
tenemos miedo y por qué?
Nuestros miedos son una casa
llena de tesoros de
autoconocimiento, si los
exploramos.*

MARILYN FERGUSON

PORQUE las mujeres nos condicionamos por nuestros temores, pasamos la mayor parte de nuestra vida reaccionando automáticamente, más que actuando creativa o apropiadamente. La tiranía del miedo inexplorado nos mantiene atadas a un comportamiento de dependencia emocional, con patrones ya pasados.

Si no encaramos conscientemente nuestros dragones internos de miedo, que tienen el desagradable hábito de emerger de sus cavernas en formas destructivas, a esos comportamientos inconscientes y dolorosos yo los llamo las Caras del Miedo.

El miedo posee muchas facetas, y cada una de nosotras posee temores que son únicos —resultantes de sentimientos o comportamientos negativos—. He elegido hablar de seis formas de disfrazar el miedo que las he encontrado casi universales entre las mujeres con quienes trabajo. Explorándolas —y de qué manera actuamos como resultado de ello— nos da un modelo para transformar al temor en energía positiva que nos permita crecer.

El miedo *puede* actuar como ímpetu más que como impedimento.

Apaciguar.
Fatiga.
Resistencia.
Adicción.
Enfermedad.
Depresión.

Apaciguar

Las definiciones del diccionario sobre el término *apaciguar* incluyen: «Pacificar; rendirse a la demanda, ya sea callada o hablada, de otro». Mi definición es «tratar que otro lo pase bien, tomar de él o ella la responsabilidad de la vida, aplacarnos a expensas de nosotras mismas y nuestros sentimientos de valía». Suena mucho a codependencia y dependencia emocional, ¿no le parece? ¡Bueno, lo es!

Para muchas mujeres, apaciguar es una costumbre. ¿Cuántas veces apaciguamos al hombre de nuestra vida, entregándonos a sus estados de ánimo y deseos, aunque no nos apetezca? ¿O nos rendimos a las demandas de nuestros hijos, aunque no las creamos razonables?

Nuestra necesidad de conexión es una de las mayores razones por las que estamos dispuestas a adoptar comportamientos apaciguadores. Parece que esta necesidad es inherente a nuestro condicionamiento social desde la niñez —nadie lo sabe con seguridad—, mucho mayor en las niñas que en los varones. Como lo describe Carol Gilligan, investigadora de la Universidad de Harvard, en su libro *In a Different Voice*. Hizo un estudio entre niños en edad preescolar y descubrió que, inclusive a esa edad temprana, ellas eran mucho más apaciguadoras que ellos. No discrepaban sobre las reglas de un juego, pero trataban de tener paz, para conservar las buenas relaciones con sus compañeros de diversión. Cuando surgían disputas, los varones necesitaban cumplir las reglas del juego y preferían sacrificar su amistad con los otros niños con tal de mantener su supremacía. Gilligan concluyó que las niñas, más que los niños, sin saber las razones, valoraban más la conexión emocional.

Como adultas, las mujeres parece que necesitan cultivar su conexión emocional. Nos prodigamos constantemente para sentirnos conectadas a otro, como si temiéramos la «muerte por desconexión».

Tratamos de apaciguar a los demás porque tememos el rechazo, la falta de aprobación y la separación. Nos dan miedo las confrontaciones: nos sentimos incómodas cuando discrepamos. Nuestros estómagos se hacen un nudo y nuestras gargantas se cierran por el miedo. Tememos que «ellos» no estén de acuerdo con nosotras, nos desaprueben, caer antipáticas, ser rechazadas y abandonadas. Tenemos pavor a sentirnos emocionalmente separadas o dejadas.

Muy temprano aprendemos a «ser agradables» para aplacar a aquellos a quienes queremos seguir conectadas. Cuando éramos niñas, la falta de aprobación de nuestros padres se hacía sentir como una amenaza para nuestra vida. Al crecer, esa dependencia emocional o económica la transferimos de nuestros padres a nuestros iguales, amigos, compañeros o agencias del Gobierno.

Aunque las mujeres están alcanzando la independencia económica, la dependencia emocional es una realidad que a menudo nos mantiene en situaciones difíciles y poco saludables. Aunque seamos independientemente pendientes, emocionalmente aún nos sentimos amenazadas de no estar bien con nuestra pareja, hijos, compañeros de trabajo. Por temor al aislamiento emocional, muchas veces renunciamos a nuestra independencia con demasiada facilidad.

Las mujeres no tienen solo la necesidad de estar cerca, también fueron entrenadas por la sociedad para ser pacificadoras. Muchas consideramos que es nuestro trabajo ser faros emocionales para con los que nos rodean. Cuando alguien parece estar en peligro de estrellarse contra las rocas, emocionalmente sentimos que es nuestro deber acudir al rescate. Apaciguamos para comprar paz a cualquier precio.

¿Sacrifica usted su independencia para mantener la paz en el seno de su familia o en el trabajo? Si es así, ¿no se encuentra ardiendo de ira, sintiéndose resentida y destrozada? El precio que está pagando es la pérdida de su paz interior y la baja de su autoestima. ¡Qué concesión!

Apaciguar es una de las formas de prodigarse. La respuesta de la mujer a sus propios sentimientos, necesidades, deseos o comentarios hirientes y negligentes es: «Oh, bueno, lo dejaré pasar. No vale la pena hacer caso». Lo que realmente está diciendo es: «*Yo* no valgo la pena». Nosotras somos las únicas guardianes de nuestros valiosos sentimientos. ¡Consciente o inconscientemente enseñamos a la gente a tratarnos! Es pavoroso cómo, cuando nos sentimos devaluadas, los que nos rodean nos ven así y comienzan a tratarnos como trapos de cocina para que limpiemos todos sus desórdenes. Este tipo de dependencia emocional es horrible. Yo lo sé, ya que era una apaciguadora crónica.

Me aterraba ser rechazada. Dentro de mi profundo ser, en la asustadiza niña que llevaba conmigo, temía morir si lo era. Así que evitaba los enfrentamientos. Recuerdo que, tiempo atrás, una amiga hirió mis sentimientos al hacer un comentario en broma ante la presencia de otros. Me sentí aplastada porque había tocado una de mis áreas más vulnerables, pero sonreí para cubrir mi dolor y lo dejé pasar. Hasta me sentí un poco culpable por sentirme herida y airada, como si de alguna manera mereciera que me pisaran. ¡Gracias a Dios, eso no pasaría ahora! A través de la terapia y las sinceras charlas conmigo misma y con mis amigas, aprendí a amar y afrontar a la pequeña niña interior cada vez que se sentía rechazada. Ahora le hago saber que no morirá, porque siempre puede contar *conmigo* para estar a su lado emocionalmente. Con mi niña protegida, soy libre para aclarar las malas interpretaciones o heridas recibidas por mí y los demás.

Muchas veces veo el comportamiento apaciguador de otras mujeres, especialmente en su relación de pareja. Recientemente observé cómo una amiga trataba de suavizar a su marido repetidamente. Ella quería ir a un concierto, y él accedió a ir con ella. Durante la representación, ella comprobaba repetidamente si él estaba a gusto. Si se percataba de que estaba malhumorado, le acariciaba el cuello y le hablaba de forma lisonjera, como si quisiera decirle: «Por favor, diviértete, así yo también puedo hacerlo». Luego, se dio cuenta de su comportamiento y del miedo que había suscitado su forma de actuar. Cada vez que su marido no estaba de acuerdo, se encerraba en un frío mal humor. Ella sentía que, si se aburría, le recriminaría que le había sugerido ir. Su vida junto a él se convirtió en un círculo vicioso: el temor a ser rechazada la motivaba a apaciguarlo; lo que finalmente logró fue sentir ira hacia sí misma y hacia él.

El comportamiento conciliador es la cara negativa de un regalo muy grande que las mujeres pueden dar al mundo, el de fomentar entre la gente hacer concesiones más íntimas. He aprendido a no apaciguar, pero sí me avengo. Ese comportamiento apaciguador proviene de dentro, de un lugar pequeño, lleno de miedo y debilidad, que no nos permite elegir. Por otra parte, avenirse conscientemente es de persona adulta y fuerte, de la parte nuestra que sabe que tenemos la habilidad de *elegir*. Si queremos mantenernos relacionadas con los demás, habrá momentos en que avenirnos será apropiado; pero necesitamos hacerlo desde un punto de honestidad e integridad interior —un lugar fuerte y flexible—. Eso está muy lejos de prodigarse.

Qué hacer con comportamientos apaciguadores

Apaciguar no es una costumbre fácil de romper. El primer paso es notar que lo estamos haciendo. Cuando piense en ello, trate de ser muy específica. Exactamente: ¿Cómo apacigua usted? ¿Y a quién apacigua? ¿A su marido, hijos, madre, suegro? Cuando tome conciencia de que está teniendo un comportamiento apaciguador, pare y preste atención a su estado de ánimo. Como todos los demás conciliadores, probablemente descubrirá que se siente resentida, enfadada y turbada.

Una vez haya tomado conciencia de su conducta tranquilizadora, puede elegir actuar de distinta forma. El viejo anhelo de calmar estará todavía presente, pero a medida que continúe actuando de manera auténtica y respetuosa consigo misma y con los demás, la necesidad de apaciguar se disipará gradualmente.

El truco para cambiar de comportamiento es su tolerancia a la separación emocional. Cuando aprenda a decirse a sí misma: *Oh, bueno, veo que estaremos separados por un tiempo. ¿Cómo puedo cuidarme mientras esto dure?* Es entonces cuando ha comenzado a romper las cadenas que la atan a la actitud apaciguadora.

Mientras yo cambiaba mi necesidad de calmar, era importante poner distancias con las personas a las que me sentía emocionalmente separada. Cuando estaba próxima a ellas, el impulso de sobreponerme a mi dolor con un comportamiento apaciguador era tal que salía de casa para poder cuidarme.

¿Qué se puede hacer cuando una se siente rechazada y necesita fortalecer su sentido de autoestima? Llame a una amiga. Vaya al cine. Cuide y hable con su niña interior. Encare sus miedos de frente y luego desactive las conductas automáticas y destructivas que visualmente evoca. No morirá. Sobrevivirá. Reconozca sus sentimientos ante la personas o personas en cuestión. Si no es posible o no sería constructivo, dígaselo a una amiga o terapeuta —o hasta a su gato o perro, si fuera necesario—, o escríbalo en su diario íntimo. Acepte el hecho de haber sido una apaciguadora, y que desde ahora puede elegir comportarse de manera distinta.

Los periodos de cambios están llenos de paradojas. Son difíciles, pero excitantes; nos sobresaltan, pero nos liberan. Abandonar los viejos moldes que ya no funcionan puede ser vivificante. A medida que vamos aprendiendo a reemplazar los comportamientos apaciguadores por otros que nos den confianza y por patrones que nos valoren, comenzamos a sentirnos maduras y equitativas con nuestras relaciones. Examine los miedos que la mantienen en ese plan: mírelos bien, analícelos y sáquelos a la superficie. En cuanto los reconozca, adopte las conductas positivas o el contracomportamiento; se disiparán sus temores y podrá romper el ciclo.

Fatiga

¿Están usted o sus amigas siempre cansadas? Una de las vías para sentirse exhausta es reprimir sus sentimientos —enterrarlos en la mazmorra del subconsciente—. Este proceso se llama «Meterlos en un saco»: las cosas que no deseamos ver o experimentar, las empujamos dentro de un saco emocional; a medida que escondemos más y más nuestros sentimientos, el saco se torna más grande y más pesado. Llevar con nosotras una bolsa llena de sentimientos callados y sin resolver. Nos deja tan atemorizadas y cansadas que no tenemos la energía para sostener nuestras ideas o ser independientes. Si usted es una «carga sacos», no es extraño que se sienta fatigada —es muy agotador transportar una bolsa llena de miedos, heridas y desilusiones y sujetar la cuerda con fuerza para que no se escabullan y nos abrumen—. Es como estar sentada sobre un escotillón para impedir que salgan los rebeldes duendes que intentan surgir.

Si la fatiga crónica es un punto importante de su vida, puede ser que esté abrigando sentimientos que debería examinar detenidamente y obrar en consecuencia. Es mucho más trabajoso para nuestras mentes y cuerpos evadir los sentimientos que necesitan atención —empujarlos hacia abajo o dejarlos para otro día— que encararlos. Nos lleva una gran cantidad de energía esconder los oscuros sentimientos y pensamientos que todas llevamos dentro, nuestros y de los demás.

Nos decimos: «Quizá, si lo ignoro, pasará». Pero, por supuesto, no pasa, nuestros sentimientos no reconocidos crecen implacablemente, sin control. A la larga, el encararlos es infinitamente más compensatorio.

Muchas veces, la fatiga es una señal que nos envía nuestro cuerpo sabio y nuestra mente, alertándonos sobre nuestros sentimientos ocultos. Si usted se siente demasiado amenazada para descubrirlos sola, busque una guía profesional. Su cansancio le está diciendo que es hora de hacer más liviana su carga interior.

Resistencia

Es de naturaleza humana resistir lo que tememos. Esta faceta del miedo, la resistencia, es bastante lista: cada vez que nos vemos retadas a cambiar, nos escondemos bajo el rostro de una justa indignación y pensamos cuán injustos y faltos de sentimientos son los demás y las circunstancias que nos rodean.

Algunas personas oponen resistencia a todo —al tiempo, a la suerte, a envejecer, al resultado de un partido, a sus consortes y a la política—. Las consideramos gente negativa y gruñona; en realidad, tienen miedo. Temen a cualquier cosa que implique riesgo, cambio o pérdida de control. Antes de buscar dentro de sí mismas y cambiar sus reacciones, culpan al mundo que las rodea.

A la resistencia le encanta disfrazarse de:

> *Me olvidé.*
> *No me llamaron.*
> *Me dormí.*
> *Estoy muy cansada.*
> *De todas maneras, no importa.*
> *¿Por qué cambiar? Estoy bien como estoy.*
> *Es muy difícil.*
> *¡Nunca podría hacer eso!*
> *No deberías sentirte así.*
> *¡Qué tontería!*
> *Es horrible.*
> *Soy demasiado gorda (o vieja) para eso.*
> *No puedo.*
> *Siempre soy yo quien debe cambiar.*

La mejor manera de vencer a la resistencia es empujarla. Cuando note que se está volviendo negativa, ríase de ella si puede. Magnifique sus molestias hasta que se conviertan en ridículas. Cuanto más ligeramente la trate, más fácil será superarla. Mírela, y, por la parte más suave y sabia de su mente, elija actuar.

Cuando comencé a escribir este libro, me encontré cara a cara con gigantescos obstáculos de resistencia. Después de todo, ¿qué tenía yo que decir que fuera de interés para otros? ¡Podrán reírse de mis esfuerzos e imagine cuánto trabajo lleva! Mi inseguro ser interior se adelantaba mofándose de mí cuando, la primera vez que me encontré con mi publicista literario, perdí mi grabadora y mis notas. Las había puesto sobre el capó de mi coche y se desparramaron por el suelo al salir. Entonces me di cuenta de que estaba ansiosa por lo que estaba escribiendo —mejor dicho, *aterrorizada*— y hablé de ello en voz alta. Estaba corroborando mi miedo y no actué sobre él. Ya no me resistí al largo proceso de escribir y me prometí que lo haría paso a paso. Elaborar mi resistencia inicial era esencial; si no hubiera tratado con ella, jamás hubiera completado este libro.

Sharon, una paciente mía, me dijo: «Estoy realmente perturbada por algo que me dijo la semana pasada». Le había dicho que mirara cuidadosamente cualquier resistencia que tuviera hacia la terapia. Ella estaba convencida de que no era así. Disfrutaba conmigo y, sin embargo, a la primera sesión llegó diez minutos tarde, y veinte a la segunda, porque «su marido no se daba prisa». No vino a la tercera, y otra vez llegó tarde a la cuarta.

Mientras hablábamos de su comportamiento, estuvo de acuerdo en admitir que sí, que tenía miedo de venir a terapia y temía lo que podía descubrir de sí misma. Conscientemente, estaba ávida de aprender y crecer; subconscientemente, tenía miedo. En el momento en que tomó conciencia de su resistencia, ya no necesitaba llegar tarde. Reconoció el miedo a sí misma y a mí, y ahora ambas lo aceptamos cuando surge. Está aprendiendo a desprenderse de su temor, paso a paso.

La resistencia nos mantiene metidas dentro de un pasillo estrecho de nuestros comportamientos, sentimientos y pensamientos. Cuando comenzamos a ampliar las fronteras de nuestro territorio de seguridad, la resistencia se cruza firmemente en nuestro camino. Salir de nuestra zona segura activa nuestros temores ocultos a lo desconocido.

La resistencia es una expresión retorcida de una tendencia natural. Después de todo, hay muchas situaciones en que verdaderamente debemos protegernos. Despojarnos de nuestro sano sentido de causa, de repente y enteramente, sería como tirar de una costra protectora. Por eso, cuando comience a tratar de vencer su resistencia íntima, hágalo suavemente, pacientemente y con amor.

Adicción

En los últimos años la gente en general ha tomado conciencia del incremento en la sociedad de todo tipo de adicciones —comer exageradamente, alcohol, drogas (recetadas e ilegales) y el exceso de trabajo—, por nombrar algunas. La lista podría ser casi interminable. Si estamos escondiendo nuestros miedos con alguna adicción, nuestra primera reacción será: «Yo no soy adicta a ——». Uno de los mayores síntomas es negarlo. ¿Ha provocado alguna vez este problema inexistente algún comentario de preocupación entre sus familiares y amigos? Si es así, debemos prestar toda nuestra atención a lo que estamos tratando de negar.

Esconder nuestros temores detrás de un comportamiento compulsivo, el que sea, limita severamente la habilidad de ser auténticas. Si la adicción es un problema para usted, encontrará ayuda a la vuelta de cada esquina —solo debe encontrar el coraje de dirigirse a grupos tales como Alcohólicos Anónimos, u otros similares, que se reúnen diariamente en casi todas las ciudades y pueblos—. Si se siente mejor trabajando sola, las librerías están atestadas de excelentes libros que la ayudarán a recuperarse. Hágase un favor, que puede salvar su vida, y busque la ayuda necesaria.

Además de ser adictas a los productos químicos, muchas de nosotras lo somos al caos y a la calamidad. ¿Por qué? Porque si nos vemos arrastradas por un torrente de actividades o traumas, utilizamos toda nuestra energía para mantenernos a flote y no notamos que nuestras vidas no nos pertenecen. No tenemos el tiempo o la vitalidad para decir: «¿Solo hay esto en la vida?». La adicción a la ocupación es una técnica de evasión. Con el estruendo de estar demasiado ocupadas, podemos huir de todas las cuestiones, por lo menos durante un tiempo.

No somos culpables de nuestros temores, pero nos corresponde a nosotras decidir qué hacer con ellos. Somos responsables de elegir los caminos que nos llevarán a disfrutar del don de la vida. Nuestro principal trabajo es tomar consciencia de qué y quiénes somos y expresar la belleza del mundo. No podremos hacerlo si las adicciones nos tienen atontadas.

Enfermedad

Los sentimientos reprimidos tienden a habitar en nuestro cuerpo en forma de tensiones ocultas, hábitos insalubres y cambios químicos inducidos por el estrés. Muchas veces la enfermedad es una expresión de sentimientos reprimidos.

Carl y Stephanie Simonton, de la Clínica Simonton en Texas, encontraron que cuando los pacientes con enfermedades terminales aliviaban sus «sacos» llenos de sentimientos de culpa, ira, miedo, etc., su cáncer frecuentemente remitía, o por lo menos sus síntomas no eran tan agudos. El doctor Bernie Siegel, un cirujano que utiliza el amor tanto como el bisturí, alienta a sus enfermos para que explícitamente verbalicen todos sus sentimientos. Una cantidad sorprendente de enfermos en fase terminal se curan.

Nuestros cuerpos tratan de comunicarse con nosotros, pero la mayoría de las veces hacemos caso omiso a las señales que nos envían. Cuando lo ignoramos, nuestro cuerpo «agarra» nuestra atención de forma muy creativa.

La historia de Marge es un perfecto ejemplo. Ella estaba pasando por un momento de extrema tensión a causa de un problema familiar y se sentía agotada por la presión emocional. Debido a la fatiga y la creciente tensión muscular, su cuerpo le estaba recordando que debería descansar y retomar energías. Ignoró el mensaje y se sepultó en más trabajo y compromisos, se empujó a la extenuación.

Empezó a perder peso de forma alarmante, la ropa colgaba de sus huesos, y sus compañeras de trabajo siempre llevaban a su «Twiggy» * galletas y donuts, pero ella no tenía tiempo para comer. Un día se desmayó en el tren y se despertó rodeada de caras preocupadas de enfermeros y funcionarios de correos. Siendo una persona muy firme, se mortificó. Mientras la llevaban al hospital, se comprometió a escuchar a su cuerpo. Fue un compromiso que le salvó la vida, porque no habiendo pasado mucho tiempo desde el desmayo, descubrió que tenía un bulto en una mama e inmediatamente fue al médico. Aunque el tumor fue maligno, lo descubrió a tiempo y así pudo salvarse.

La enfermedad es una forma formidable de resistencia —es social y se puede conseguir compasión—. Cada vez que Wyn y su marido riñen, ella padece los síntomas de la gripe. Teme no solo a la confrontación con él, sino también a sus propios sentimientos. Al enfermar, evita los enfrentamientos. Sus sentimientos inexplorados afloran en forma de síntomas físicos. Desgraciadamente, la poca habilidad para encararse con sus miedos crea una situación de pérdida, no solo para ella, sino también para su marido. La salva del malestar del enfrentamiento, pero los deja frustrados, enfadados y confusos. Ella se queda con los síntomas físicos y los asuntos de su matrimonio sin resolver, y su marido con ira y frustración.

Nuestro cuerpo nos previene con antelación. Hace algunos años enfermé durante diez días —raramente caigo enferma—. Había ignorado muchos avisos claros de prevención, y finalmente mi cuerpo sobretrabajado me transmitió: «Bueno, Sue, tú lo has querido», y se dio por vencido. Yo *no podía* seguir. Durante cuatro o cinco días, lo único que podía hacer era descansar. Hasta la lectura era agotadora.

---

* Modelo inglesa de los años 60, famosa por su delgadez. *(N. del T.)*

Más tarde comencé a pensar: ¿Por qué necesitaba esta enfermedad? Me resultó obvio que había tomado bajo mi responsabilidad la vida de todos los que me rodeaban. Me había convencido a mí misma de que mis pacientes no podían estar sin mí y que mi familia necesitaba mi apoyo constante, mi consejo siempre sabio y mi sentido del humor. ¡Yo era indispensable!

Además de ser una expresión de genuino deseo de ayudar a mis amigos y a mi familia, mi compulsión era «un viaje del ego». Empujé y empujé —¡la Mujer Maravilla vuela de nuevo!—, pero la Mujer Maravilla finalmente cayó en su cama y allí se quedó. ¡Sorpresa! Todos aquellos para quienes yo me sentía indispensable se las arreglaron muy bien sin mí. Mis pacientes sobrevivieron, mi vida profesional volvió a ser normal muy pronto y la familia marchaba a la par, los amigos cuidaron de sí mismos, las organizaciones encontraron otros voluntarios y mi cuerpo encontró el descanso que tanto necesitaba. ¡Patrón roto!

El miedo que me llevó a enfermar era que, si no daba todo siempre, no sería lo suficientemente buena; y si no lo era, seguramente dejarían de quererme y me abandonarían. Mis pacientes se irían, los niños se sentirían desatendidos, mi marido desilusionado... ¡Oh, horror! ¡No sería *perfecta!* La enfermedad me demostró que llevaba revertidos a dos de los viejos patrones, familiares a muchas mujeres: 1) cuidando a todos primero, y 2) ser perfecta para estar bien.

Una parte esencial de una vida feliz y saludable es ser servicial con los demás, pero ser *indispensable* es *destructivo.* Tómese tiempo en su trabajo y compromisos. Nadie es indispensable. ¡Mujer Maravilla, cuelga tus brazaletes mágicos!, y, cuando enfermes, cuida tu cuerpo, dale el descanso y la atención médica que está pidiendo.

No todas las enfermedades son inducidas emocionalmente. Una terapeuta amiga mía que estaba acostumbrada a autoevaluarse, sintió un terrible dolor de cabeza durante su clase de aeróbic. Se hizo las preguntas clásicas como: ¿Por qué necesito esto? ¿Qué es lo que no estoy mirando? ¿Qué es lo que necesito aprender de este dolor de cabeza? No había respuestas. ¿Qué se estaba escondiendo? Distraídamente se aflojó la cinta alrededor de su cabeza. ¡Eso sí funcionó!

Sea bondadosa consigo misma. Si descubre que está utilizando la enfermedad como escape, o empujándose demasiado hasta enfermar, aprenda a cambiar este comportamiento. Ame su cuerpo; si se desmorona porque necesita descanso, relájese y disfrute.

Depresión

La depresión es la clásica enfermedad de las mujeres. ¿Por qué? Cambie dos letras y en vez de *de*presión obtendrá expresión. Si no expresamos lo que sentimos —que nos está consumiendo— de forma constructiva, curativa, muchas veces el resultado es depresión: la forma en que las mujeres lloran sin lágrimas.

La depresión es como una niebla que se cierra sobre nosotras, limitando nuestra visibilidad para ver lo que realmente sentimos. Muchas veces, cuando estamos deprimidas, hay algo que debemos hacer con respecto a alguna situación y tenemos miedo de hacerlo.

Algunos tipos de depresión son normales. Cuando experimentamos una pérdida, un contratiempo o un sueño destrozado, no sería natural si no nos sintiéramos algo deprimidas. La depresión es una de las cinco etapas normales de la pena, como lo describe la doctora Elisabeth Kubler-Ross en su libro *On Death and Dying*. Pero la mayoría de las depresiones, como la crónica (a menos que sean causadas por algún desequilibrio químico), es una señal de que nos estamos escondiendo de algo o evitando la acción. Muchas veces ese «algo» es la ira.

En el gremio de los psicólogos existe un viejo cliché: la depresión es la ira invertida. Es más o menos cierto, pero también puede ser cualquier otra cosa invertida. No sé usted, pero mientras yo crecía no era bien visto expresar la ira. En mi familia negábamos que existiera.

Yo la sentía dentro de mí, procedente de mis padres y hermana, mas no la reconocíamos. La guardábamos cerrada bajo llave en el armario, donde crecía y crecía.

Recuerdo haber caído en ella una vez, cuando era adolescente y dije un taco en presencia de mi madre. Mirando hacia atrás, siento que era una ira razonable y que bien valía la pena un taco o dos. Pero el castigo que recibí entonces fue prohibirme asistir a un baile con el que estaba ilusionada. Además, mi madre no me habló en el resto del día. Así que aprendí a invertir mi ira para prevenir el rechazo y el castigo.

Para poder salvarnos del purgatorio de la desconexión, muchas veces recurríamos a la dependencia emocional y aprendimos que:

¡Las niñas buenas NO hablan así!
Las niñas buenas NO son agresivas.
Las niñas buenas NO se rebelan.
Las niñas buenas NO se enfadan con los seres que aman.
Las niñas buenas SÍ aprenden a ser víctimas, y pobrecita de mí.
Las niñas buenas SÍ aprenden a expresar su ira de forma contenida y manipulante.
Las niñas buenas SÍ se deprimen.
Las niñas buenas SÍ se sienten paralizadas por sus sentimientos reprimidos y su culpa por tener tales sentimientos.

Si usted está deprimida, mire bien y observe si más oculto, en lo más profundo, siente ira. La ira es natural... es la forma de decirnos: ¡Oh, algo no anda bien aquí! En nuestra cultura, la ira y la depresión son denominados «males». Nosotras creemos que una persona normal debe estar siempre feliz y contenta.

Solo estamos auténticamente deprimidas cuando no nos percatamos de nuestros sentimientos. Si los analizamos y los solucionamos, aunque sean tristes, ya vamos por el sano camino de la curación.

Aquí hay un punto crucial. No se tilde ni permita que otros la llamen depresiva, si en ese momento está expresando sus verdaderos sentimientos. No estoy hablando de manifestarse con piedad hacia sí misma —eso es humillante—, sino de comentar nuestros miedos e iras y mirarlos de frente. Esto *no* es depresión.

Si se siente deprimida, sea específica: ¿Qué es lo que siente? Nómbrelo, saque el dragón a la luz.

Sandra estaba deprimida y no sabía por qué. Mediante una exploración suave, descubrimos su sentimiento real: pena. Estaba apenada con la realidad de su matrimonio, su marido era incapaz de comprender muchos de sus sentimientos y necesidades. Se sentía sola, frustrada y enferma. Había cubierto su tristeza y soledad con una vaga capa de depresión porque temía que al comentar sus verdaderos sentimientos tendrían que dejarlo.

Como resultado de nuestro trabajo en terapia, descubrió las carencias de su matrimonio y buscó otras formas de llenar sus necesidades. Decidió continuar casada y concentrarse en los numerosos buenos aspectos. Dejó la frustrante dependencia de su marido y las expectativas de que él cubriría todas sus necesidades; en su lugar, aprendió informática, instaló su propio negocio, hizo nuevas amistades y reconectó con las antiguas. Su depresión fue una valiosa pista para descubrir que ocultaba los verdaderos e importantes sentimientos y, por tanto, estaba limitando su vida por temor.

Cuando comenzamos a explorar nuestra depresión para encontrar sentimientos ocultos de ira, es muy importante recordar que es bastante duro para los demás ser víctima de nuestro enfado. Por eso es crucial que aprendamos a detener, invertir y retenerla hasta convertirla en depresión autoconstructiva o en una incontrolada erupción volcánica. Pagarlo con nuestra pareja o patear al perro no es constructivo, pero sí lo es pegarle a un saco, amasar pan o jugar un agresivo partido de racquetball.

Necesitamos aceptar nuestra ira, pena u otro sentimiento inconfesado que tengamos, no importa cuán poco nos parezca aceptado socialmente. Somos humanas, por ello tenemos todas las gamas de sentimientos inherentes a la naturaleza, nos parezcan permisibles o no. Dentro de un clima de aceptación podemos aprender a expresar nuestros sentimientos de una forma saludable y productiva. Mientras extendemos nuestro amor y apoyo hacia nosotras mismas, los rostros del miedo caerán gradualmente.

CAPÍTULO 9

Ahogándonos en los desechos de la vida

La soledad y el resentimiento
de no ser queridos
es la más terrible pobreza.

MADRE TERESA

NINGUNA de nosotras se salva de tener desechos internos. Todas hemos sufrido. Todas llevamos basura de emociones sin resolver. Todas tenemos ira, culpa y resentimientos reprimidos. Somos humanas, y estas experiencias nos ayudan a crecer. Pero solo podemos crecer y ser quienes realmente somos curando nuestras heridas internas, convirtiendo nuestro dolor y perdonándonos, a nosotras mismas y a los demás. Si apilamos basura emocional bajo la alfombra sin resolver, siempre correremos el peligro de tropezarnos con ella y caer dentro del cráter de la dependencia emocional.

Es verdad que crecer engendra riesgos, pero si usted aumenta su capacidad de tolerancia al dolor, podrá aventurarse a actuar, aunque tenga miedo —lo que quiere decir que estará en el proceso de verse libre de la dependencia emocional—. Mientras limpia los desechos emocionales escondidos, sentirá un creciente sentimiento de autoestima e independencia. Quizá no inmediatamente, porque necesita tiempo para que el proceso curativo gane fuerza e ímpetu. Pero si trabaja consistentemente y con paciencia, su curación comenzará y su creatividad y sentido de la libertad aflorarán.

Culpa

Uno de los mayores impedimentos que tapamos bajo nuestra alfombra emocional es la culpa. Entre las mujeres, la culpa se extiende con la furia rampante de la peste bubónica. Sentimos culpa si nuestros hijos no salen como pensamos que debían salir. Sé de una señora cuyo hijo era una estrella en el instituto. Cuando fue a la universidad, falló y abandonó. No trabajaba mucho, y cuando lo hacía, siempre eran trabajos manuales. Su lamento era: ¿Dónde fallé?

Las mujeres se sienten culpables si:	
SI	*NO*
Trabajan.	Trabajan.
Castigan a sus hijos.	Castigan a sus hijos.
Ganan más dinero que sus maridos o padres.	Traen «su parte».
Toman su tiempo para intereses personales.	Toman su tiempo para intereses personales.
Se divorcian.	Tienen un matrimonio feliz.
Quieren tiempo libre y/o soledad.	Alimentan su espíritu.
Hablan por teléfono.	Se ven con sus amigas.
Dicen no.	Dicen no.
Tienen sexo o lo desean.	Tienen sexo o lo desean.
Se enferman.	Mantienen sus cuerpos jóvenes y ágiles.
Se enfadan.	Ponen límites.
Tienen hijos.	Tienen hijos.

¿Se ve usted en la lista? ¡Yo sí! Me sentía culpable si el gato perdía el pelo. ¿Quién dijo que era mi responsabilidad cepillárselo? ¡Yo!

Nos han hecho creer que somos responsables de la felicidad, éxitos, humor, riñas y fracasos de los demás. Cuando nuestra familia no es feliz, es *nuestra* culpa.

De acuerdo con Lynne Caine, autora de *What Did I Do Wrong? Mothers, Children, Guilt*[1], Sigmund Freud ayudó a perpetrar esa creen-

---

[1] *¿Qué hice mal? Madres, hijos, culpa. (N. del T.)*

cia. En una entrevista, ella dijo: «Nuestra sociedad está saturada de culpar a mamá. Esto comenzó en los 40, cuando los propagadores de la escuela de psicología freudiana descubrieron que las madres eran las culpables de todo lo que no funcionaba en la familia norteamericana. En 1942 Philip Wylie escribió *Generation of Vipers*[2], en la cual proclamaba que mamá era una pesada. Y él inventó el término «Momism»[3]. Desde entonces se ha levantado la veda de madres. Culpar a mamá —y en algunos casos odiarla— abunda en nuestra literatura, cine y televisión. Las madres son retratadas como seres manipuladores, posesivos, controladores y brujas, o flojas, ineficaces y ridículas».

Esta idea se ha convertido en parte de nuestro cuadro de creencias. Para muchas de nosotras, es una suposición oculta —algo que nos han hecho tragar—. Creamos «Momist», frases simientes, tales como: «Si mi hijo, marido o amiga no es feliz, yo soy culpable. Necesito arreglar la vida de mi marido. Soy responsable del éxito de mi hijo en la universidad».

Exageradas afirmaciones de responsabilidad llenas de fuerza productora de culpa que nos mantiene emocionalmente unidas a aquellos que en verdad son los responsables de sí mismos. Lo que es más, nunca podremos *hacer* felices o triunfadores a otros si sentimos que debemos hacerlo, solo nos estamos preparando para recibir una inevitable desilusión.

Hace años, mi marido y yo hicimos uno de esos cuestionarios que aparecen en las revistas para ver si éramos compatibles. Una de las preguntas era: «Cuando usted y su consorte discuten, ¿es algunas veces, siempre, usualmente, culpa de él o ella? Mi respuesta fue «algunas veces», y la suya «siempre». Él creía en el mito de mi responsabilidad ante su felicidad. Discutir lo hacía infeliz, y por tanto, si lo hacíamos, era culpa mía.

---

[2] *Generación de víboras. (N. del T.)*
[3] Mamitismo. *(N. del T.)*

Cuando asumimos la responsabilidad de la felicidad de otra persona nos preparamos para el fracaso. Yo a eso lo llamo ser una esponja de responsabilidades, nos convertimos en el bote de la basura de todos, con un cartel encima que dice a nuestra pareja, niños, padres y jefes: «Tirar aquí».

Hubo un tiempo en que si alguno de mis hijos o mi marido estaban en un charco de infelicidad, apresuradamente me disponía a secar dicho charco. ¡Habiendo tenido dos maridos y cuatro hijos, mi esponja se había empapado! Creía que, si eran infelices, de alguna manera les había fallado u ofendido; que parte de mi trabajo como mujer, madre y ser humano era no ofender nunca a nadie. Mas luego descubrí que *nuestra libertad disminuye si no somos capaces de mantenernos firmes ante los demás.*

Creía firmemente que mi papel era el de transportar el bote de la basura y ser la esponja que secara los charcos de los demás. Si no lo hacía, me sentía culpable; si lo hacía y no se «ponían felices», me sentía culpable y resentida. El papel de esponja conlleva la necesidad de enseñar a otros lo que ignoran, especialmente sobre sus sentimientos. Como terapeuta, creía en esta ilusión. Lo sabía todo sobre los sentimientos. Mi marido odiaba mis sermones, sentía que hacía el papel combinado de madre y maestra. ¡Eso es la ruina para su vida amorosa!

Mientras que sí necesitamos vida amorosa, nunca necesitamos entregar nuestra vida a otro, o asumir la responsabilidad por la suya. Al poner nuestra felicidad en sus manos, nos volvemos dependientes; al tomar la responsabilidad de la felicidad de otros, los invitamos a volverse dependientes —una invitación que un espíritu humano verdaderamente sano siempre rechazará vigorosamente.

La culpa es conveniente o inconveniente. La conveniente es un compás que nos avisa cuando vamos en dirección contraria. Como una señalización en el camino, nos dice: «Para, camino equivocado». Está allí para ayudar; reconózcalo y reduzca —su trabajo está hecho—. Por ejemplo, si usted hace un comentario desaprensivo o hiriente, sentir una pizca de culpa puede ser el aviso de que debe pedir perdón.

Naturalmente, hay una culpa conveniente que es profunda, duradera y dolorosa. Es intensa, es la que nos da la señal de una seria desviación del comportamiento aceptable y la necesidad de hacer un cambio radical de vida. Un asesino, o el que abusa de menores, tarde o temprano puede sentir esa clase de remordimiento.

La culpa inconveniente está siempre presente, penalizándonos con «y si» y «que si». Una amiga me comentó: «Tengo un billete de ida y vuelta en el tren de la culpa. Cada vez que se para en la estación, me subo». Otra amiga contestó: «¡Yo nunca me bajo, haya estación o no!».

¿Dónde nos montamos en el tren de la culpa?

Los niños están bien sintonizados a las vibraciones emocionales de sus padres y otros adultos. Son exquisitos barómetros sensitivos de los sentimientos familiares. Desde que nace y hasta la edad de seis o siete años, no son solo sensitivos, sino que viven en su propio mundo. A esas edades son incapaces de comprender causas externas; así, cada vez que pasa algo en casa, en su mente ellos han sido los causantes. Mi hijo mayor tenía cinco años cuando me dijo: «¡Mamita, por favor, no llores! Cuando lloras, me siento como si hubiera matado a alguien».

Entendí cómo se sentía, ya que siendo niña yo llevaba trenzas y cada mañana, mientras mi madre me arreglaba el pelo, suspiraba repetidamente. Los tiempos eran difíciles —mi padre estaba ausente en la guerra, había poco dinero, mi madre tenía que trabajar y yo me quedaba al cuidado de una abuela que no me amaba—. Para mi pequeño corazón y mente, cada uno de esos suspiros y los pensamientos que escondían querían expresarme que yo era una carga: *Yo* estaba haciendo infeliz a mi madre. Una generación después, mi hijo sentía que las lágrimas que yo derramaba por su padre y mi divorcio eran culpa *suya.*

Durante mucho tiempo de mi vida adulta me molestaba sobremanera oír suspirar a alguien. Inmediatamente me sentía culpable y experimentaba un tremendo impulso de aliviarlos, o de escapar. Decirme a mí misma que todo era una tontería no me ayudaba, hasta que me di cuenta de que la raíz de mi suposición latente estaba en esas sesiones tempranas, cuando mi madre me hacía las trenzas. De niña, no tenía la suficiente consciencia ni sofisticación para preguntarle sencillamente si le molestaba hacérmelas; solo tenía pistas que coloqué en mi estrecha realidad infantil. Mi suposición latente se convirtió en: «Soy una carga, necesito hacer felices a los demás, porque si no lo son es debido a mí».

¿Cómo nos apeamos del tren de la culpa? Recordándonos que no somos responsables de la felicidad de nadie.

Tardé mucho en convencer a mi niña interior, propensa a la culpa, de que realmente no necesitaba castigarse con sentimientos de culpabilidad inconveniente. Con suaves, pacientes y persistentes advertencias, ella se avino a creerme. Ahora puede descansar y dejar que otros lleven sus propias responsabilidades. Cada vez que algo pasa que en el pasado me hubiera hecho sentir culpable, ahora no y me siento alegre y feliz.

Hablar con otros nos ayuda a resolver la culpa. Es sorprendente ver qué rápidamente se disuelve cuando recibimos el cariño y la comprensión de otras personas, ya que ellas están menos implicadas y pueden ser más objetivas en lo que nos está ocurriendo.

La última vez que vi a la amiga que me había dicho que tenía billete de ida y vuelta en el tren de la culpa, me comentó que ya no la sentía. Me quedé intrigada y le mandé una tarjeta con una figurita desconcertada que llevaba una maleta, que decía: «Me voy en un viaje de culpa, ¿no te importaría pasar por casa y alimentar mi paranoia?». Su respuesta fue: «No me importa alimentar tu paranoia; desde que he dejado de alimentar mi propia culpa, tengo más tiempo libre para las buenas obras». Había tomado una decisión consciente, dejar de sentirse culpable, y tuvo éxito. Usted también puede hacerlo.

Ira y resentimiento

Rasque a una mujer y encontrará cólera.

VIRGINIA WOOLF

Otro montón de basura que se oculta debajo de nuestra alfombra emocional es la de la ira y el resentimiento. La ira es para las mujeres el último tabú. Nos enseñaron a no tenerla, y si la teníamos, no expresarla. Aprendimos a enmascararla y a demostrarla de manera oculta, o guardarla en nuestro interior hasta reventar.

Las investigaciones sobre el estrés han establecido que una ira mal expresada o suspendida se presenta de muchas formas, incluido el encierro, úlcera de colon, migraña, abuso de niños, depresión y suicidio.

Patricia Sun, maestra en el arte de aprender a vivir de forma consciente y espiritual, dice: «La ira es intuitiva, la mente nos transmite que, ojo, algo no va bien». La ira es un recurso de atención. Para resolverlo sabiamente, primero debemos hacerle caso. Usted no necesita hacer todas las cosas que le sugieren sus sentimientos cargados de emocionalidad, que dicen: ¡Le voy a dar con un bate de béisbol! Y por supuesto, no debería herir a nadie; pero la ira, si no la dejamos enconarse, y a veces desproporcionadamente, es saludable, como una alarma contra humos que puede prevenir toda clase de desastres.

A veces la ignoramos porque no queremos mover la barca, pero, desde luego, hay otras razones más específicas: hemos sido castigadas por ella, hemos sido rechazadas por no ser buenas, y más. Cuando prevalece nuestro acondicionamiento, la ira se torna resentimiento.

Rebeca estuvo casada con el mismo hombre durante cincuenta años. Muchas veces tenía ira, pero rara vez expresaba sus sentimientos. Cuando ella y su marido establecieron sus normas de comportamiento conyugal, la aseveración no era popular. Cada vez que ella trataba de expresar su ira, su marido reaccionaba con un grito y luego se retiraba a un silencio helado que duraba varios días, hasta semanas.

Rebeca no era tonta; aprendió a no manifestar lo que sentía, lo cual convirtió su silenciosa ira en resentimiento, que durante sus cincuenta años de matrimonio se expresó en forma de accidentes, úlceras, pérdida de interés por el sexo, y finalmente en cáncer terminal. Murió culpándolo de arruinar su vida debido a su actitud poco cariñosa.

Por los avances hechos en la toma de conciencia, iniciados por los movimientos feministas, ahora estamos más enteradas de que podemos tener ira y que es natural expresarla. Tenemos derecho a ello, pero también la responsabilidad de demostrarla de manera constructiva. Si lo hace de forma poco constructiva, se prepara para sentir culpa y crear más desechos, en vez de quitarlos. En este caso *constructivo* quiere decir *no destructivo*.

Ocultarla no es saludable. Algunas podemos mejor que otras mantener la tapa cerrada, pero tarde o temprano reventamos. Semeja una olla a presión: la presión se incrementa y la comida dentro se cocina rápidamente, pero si no nos acordamos de abrir la válvula para dejar salir el vapor de manera controlada, échese para atrás, ¡porque la cena colgará del techo!

Una vez que ha permitido que la presión suba hasta el punto de explotar, no puede expresarse de forma constructiva. Así que, una vez más, el truco es tomar conciencia de nuestra ira y resentimiento.

Allí está, quiera o no, y trata de decirnos algo. *Reconozca* sus sentimientos ante alguien que pueda examinarlos y ayudarla. No tiene que ser la persona con quien esté enfadada; de hecho, la mayoría de las veces no es la idónea, ya que, durante el acaloramiento, usted puede decir algo que cause un daño permanente —o la persona con quien esté hablando sea una de esas que no escuchan.

Ahora *acepte* que tiene el derecho de enfadarse y sabe que la otra persona está allí para guiarla. Si usted expresa su ira de manera constructiva, no necesitará experimentar resentimiento o culpa.

La ira puede llegar a ser una herramienta valiosa si aprende a expresarla bien. Retroceda hacia atrás en sus sentimientos y pregúntese qué quiere conseguir con ella. ¿Quiere reconectarse con una persona? ¿Arreglar algún mal? ¿Comprender mejor una situación? ¿Ser comprendida? ¿Liberarse de una amistad que le hace daño?

Nunca ayuda lastimar o abusar física o emocionalmente de alguien bajo la influencia de la ira (ni en ningún otro momento), pero hay formas constructivas de quitársela. Cuando esté en plena ebullición, es una buena idea soltar el exceso de ira que no puede manejar, antes de enfrentarse a las personas con quienes esté enfadada. Nadie reacciona receptivamente cuando el dragón abre sus fauces de fuego. Un ataque frontal pone a la defensiva hasta la persona más invulnerable.

A mí me gusta golpear los colchones con una raqueta de tenis —especialmente si es la cama de la persona con quien estoy enfadada (cuando no está, por supuesto, y preferiblemente cuando ni siquiera está en casa)—. Sé de mujeres que salen con sus coches a la carretera y gritan o tiran huevos a los árboles. ¡Estos métodos pueden parecer extraños, pero funcionan! (y son muy divertidos para las que nos hemos pasado la vida tratando de ser niñas buenas). La ira crea ofuscación, y solo es bueno liberarla poco a poco, para que nadie se queme.

Carol la deja escapar ayudando en su barrio con obras de caridad. Va a las tiendas de artículos de segunda mano, compra una vajilla vieja, se encamina al vertedero y tira platos, tazas, todo lo que puede, lo más lejos posible. El vertedero es un buen lugar para su sesión de destrozavajillas, porque no siente culpa por ensuciar y no tiene que recoger después. A su hija adolescente le encanta ir con ella. Carol ha sido capaz de darse permiso, a sí misma y a su hija, a tener ira contra su ex marido, que las abandonó, y expresar su enojo constructivamente. Ambas terminan riendo —un final muy curativo.

No resulta apropiado manifestar sus sentimientos a la gente si piensa que: usted resultará la perdedora, si no la escuchan, si dañará una relación para siempre o pondrá en peligro su trabajo. En estos casos es más sabio no hablar con la persona.

Hace años, cuando me estaba adaptando a mi divorcio y toda mi vida tenía que ser revisada, pasé por un periodo en el cual sentí un intenso enfado contra mis padres. Afortunadamente, elegí no compartir mis sentimientos con ellos, los liberé de otras maneras, como escribir cartas-veneno que *nunca* envié, y con otras personas. ¿Por qué fue una decisión afortunada? Porque cuando tuve claro el origen de mi ira, encontré que no tenía nada que ver con mis padres, como yo había pensado. Seguramente, tuve mi ración de penas en mi niñez —todas las tenemos—. Si hubiera bombardeado a mis padres con la fuerza de mi ira, podría haber roto irremediablemente nuestra relación. Ellos no se merecían ser el blanco de todo el enfado y la frustración que yo sentía por mi divorcio y las cosas que me llevaron a ello. Sin embargo, sí elegí a amigos comprensivos con quienes pude desahogarme.

La ira, si se expresa de forma sofocada, reprimida o destructiva, es como si nos apuntáramos con nuestro propio fusil, nos puede mutilar. Si se utiliza de manera constructiva, nos puede dar mucha fuerza. El ultraje solo puede dañarnos cuando se torna en indignación.

El dolor sin resolver

> *El dolor es un proceso. Si se le permite resolver, la curación se llevará a cabo naturalmente.*
>
> HOSPICIO DE FOOTHILLS

No importa cuán satisfactoria sea nuestra vida, ni cuán brillante sea nuestro futuro, todas experimentamos pena. Vivir es cambiar y ser vulnerables a las pérdidas. La pérdida trae dolor. La pena no resuelta nos lleva tanto esfuerzo suprimirla que nos queda poca energía para otras cosas —como ser nosotras mismas y liberarnos de la dependencia emocional—. Adoptamos nuevas normas de comportamiento y actitudes cuando no nos vemos cargadas con los desechos del dolor no resuelto. Llevar una vieja pena nos mantiene en un bache de *re*acción en vez de poder de acción.

Ya que ninguna de nosotras escapa al dolor, es importante aprender vías saludables para penar. La pena natural es permitirnos experimentar nuestros sentimientos y atravesarlos en el momento de la pérdida. Este proceso nos limpia nos lleva a recuperarnos totalmente y, muchas veces, la exaltación de nuestra espiritualidad y compasión es la recompensa.

El dolor no resuelto se crea cuando no nos permitimos trabajar sobre esos sentimientos a medida que van surgiendo. Muchas veces, hasta nos negamos tener esos sentimientos. Así que los guardamos sobre el anaquel. Pero no se evaporan, corroen nuestra energía, devoran nuestras emociones y nos debilitan.

El dolor tiene muchas formas. La pena por una muerte y la pérdida es solo una de ellas. Otra es la pena que sentimos por las cosas que debíamos haber dicho o que no debíamos haber hecho. Cuando reñimos con una amiga o compañera, sentimos tristeza. Cuando las cuentas se amontonan y el dinero es escaso, nos apenamos. Permitirnos estar tan ocupadas que no podemos disfrutar de la vida es una pena para aquellas de nosotras que necesitamos «hacerlo todo». Todo lo que dejamos sin terminar y que permitimos enconarse se vuelve un desecho emocional, el desperdicio de nuestro dolor sin resolver.

Muchas permitimos que esos desechos emocionales se junten dentro de nuestros corazones, mentes y espíritus. Pronto, las montañas de basura que hemos amontonado debajo de nuestras alfombras emocionales se hacen demasiado grandes para ser ignoradas. No nos permiten andar libremente por nuestra casa interna y nos separan de aquellos a quienes amamos. Estas montañas rápidamente desgastan nuestra libertad para hacer elecciones conscientes sobre quiénes somos y cómo queremos estar en el mundo.

Para poder sanar y convertirnos en auténticas, debemos reconocer y desenredar el dolor de la pena. Cuando este se enrolle alrededor de su corazón, no trate de «calzarse las botas» y ser dura. Solo acumulará desechos al rehusar encarar su pena honestamente y con coraje.

Hable, comparta su pena, llore. Lea sobre la pérdida y la tristeza, únase a un grupo, y especialmente cuide su cuerpo, que es más débil y más vulnerable cuando está apenado. Dese tiempo para recuperarse; no siga haciendo los negocios de siempre.

Mientras se está curando de una pérdida, tome consciencia de que ha sido atropellada por un camión emocional o, si es una pérdida pequeña, por un coche emocional pequeño. Tal vez necesite estar triste cinco minutos, cinco semanas o cinco años. Pero el tiempo todo lo cura y, aunque no nos parezca posible mientras sufrimos, si usted lo permite, lo atravesará y sanará.

Aislamiento

Mientras comienzo a comprender más profundamente a mis pacientes, escucho un ruego detrás de sus palabras llenas de dolor: mírame, escúchame, sostenme. Todas necesitamos el contacto cercano y la aceptación de otros seres humanos. Somos seres sociales, y cuando no experimentamos este contacto, nos sentimos aislados e incompletos.

Como terapeuta, veo los estragos causados por el aislamiento diario. La gente que no ha podido compartir sus preocupaciones con buenos amigos o familiares siente un aislamiento crónico que se junta cual enormes pilas de desechos emocionales, y se torna eventualmente en una desesperación que amenaza su vida.

Cierta cantidad de soledad es esencial. El aislamiento es completamente diferente, necesitamos sentir que somos parte de los grupos con los que vivimos y trabajamos, para sentirnos apegados, e identificarnos con ellos —no con una relación dependiente, sino de forma fundamental y de ayuda mutua—. Las iglesias, familias, colegios, grupos de ayuda y amigos, todos nos ayudan a sobrellevar los sentimientos de aislamiento.

Muchas de nosotras comenzamos a sentirnos aisladas muy tempranamente, cuando nuestros padres no nos comprendían, reñían, criticaban o juzgaban, cuando comenzamos a tener que compartirnos con otros. El mundo no era un lugar seguro. Si ellos no nos veían, oían o apoyaban, o si solo nos amaban cuando hacíamos las cosas bien, comenzábamos a sentir que, aunque fuera seguro compartir nuestros verdaderos sentimientos, no éramos dignas de hacerlo. Al crecer, fuimos adultos que no quisimos cargar a los demás con nuestros problemas, o lavar la ropa sucia en público. Pero pagamos caro nuestro silencio. El aislamiento es una forma de suicidio emocional.

Los componentes de mis grupos de afligidos se quedan maravillados por lo bien que se sienten una vez que comparten sus penas con otros y aprenden que no están solos y que no son únicos en sus reacciones. Salen de su aislamiento, se conectan y comienzan a curarse.

Frecuentemente, en nuestra soledad nos sentimos no admitidas e inaceptables; que somos distintas, las únicas que sentimos de una cierta forma. Todos los demás parecen estar bien y felices, nosotras somos las raras. Desarrollamos una fachada socialmente aceptable, detrás de la cual escondemos nuestros verdaderos sentimientos. Nos transformamos en camaleones sociales, cambiando de acuerdo con las situaciones y gente.

Hasta cierto punto, todas actuamos así porque tememos revelar cuán vulnerables somos ante ciertas condiciones.

La doctora Pauline Rose Clance, en su libro *The Imposter Phenomenon: Overcoming the Fear that Haunts Your Success*, nos demuestra que ninguna de nosotras tiene un concepto intachable de sí misma.

Escribe: «Constantemente veo hombres y mujeres (especialmente mujeres) que tienen todo el derecho de estar en lo más alto del mundo, pero en cambio se sienten miserables porque ante sus propios ojos creen no dar la talla. Se sienten unos fraudes».

No importa cuánto éxito tengamos o cuán amadas seamos, muchas escuchamos una voz interior susurrante que nos comunica y recuerda nuestras muchas faltas y fracasos. La forma de transformar a este saboteador interno es aprender a amarnos y aceptarnos *tal cual somos*. Necesitamos hacer un acuerdo con la parte que nos juzga y trata de ser tan terriblemente perfeccionista.

Madame Marie Curie dijo: «No se debe temer nada en la vida. Solo debemos comprender». En nuestra confusión, tememos que nuestros defectos y debilidades sean imperdonables, así que nos aislamos detrás de una máscara y no nos movemos más allá de ella, no tratamos de alcanzar la libertad de comprender, ¡no me llama la atención que tengamos dificultades para ser nosotras mismas!

Salir del aislamiento lleva coraje. Si el suyo es una antigua costumbre, dese tiempo para avanzar despacio y con seguridad. Victoria, que de niña había sido objeto de abuso sexual, se protegió a sí misma y a los demás durante muchos años de su terrible secreto. Inclusive ahora, solo se siente segura hablando de sus traumáticas experiencias si tiene las piernas cruzadas y recogidas firmemente bajo el mentón. Su retirada física refleja su retirada emocional. Si ella se da seguridad ahora, llegará un día en el que podrá sentirse cómoda hablando en una posición más relajada.

Si no somos suaves y bondadosas con nosotras mismas mientras arriesgamos cambiar, solamente estamos reforzando la convicción de que el mundo no es un lugar seguro y, por ende, que es mejor no apostar a ser auténticas.

Examine las razones de su aislamiento. ¿Qué está protegiendo? ¿A qué tiene miedo? ¿Encuentra personas con quienes poder quitarse la máscara —gente que la desee oír, escuchar, ver o sostener—? Por todos los medios, evite tirar sus margaritas (emociones) a los cerdos.

Cerdos son las personas que dicen cosas como: «No deberías sentirte así», o «Eso es tonto... por qué no?». Los cerdos le hacen desear no haber abierto la boca. Sepa discernir ante quién se quita la máscara. Usted necesita mucho —y se merece— una comprensión bondadosa.

Recuérdese que lleva dentro una niña que siente que el aislamiento es la única forma segura de vivir. ¿Por qué está asustada? ¿Puede ella contar con usted para que la proteja? Sea una madre amorosa con su niña interna.

Ir más allá de nuestro aislamiento interior también nos ayuda a dejar de ser un Felpudo y una Esponja de Responsabilidades para los demás.

Vuélvase también cariñosa y sincera consigo misma. ¡Nadie es perfecto! Todas tenemos nuestra parte de gusanos (y algunas boas constrictoras). Cuanto más recta y bondadosamente vulnerables seamos ante los demás, más nos podemos liberar de nuestros miedos y fobias. Cuanto más libres del miedo estemos, menos emocionalmente dependientes seremos.

Escribir la primera edición de este libro fue arriesgado y me atemorizó. Durante meses no permití que nadie lo leyera. Cuando le envié los primeros capítulos a mi editor, sentí como si hubiera metido también mi estómago en el buzón, pero ha resultado ser una salida curativa para mis miedos y limitaciones que experimenté durante años.

Hágase un favor transformador: encuentre una salida creativa para su dolor. Una de las mejores maneras de barrer los desechos del miedo y romper con el aislamiento es extender nuestra mano, honestamente y con amor, al servicio de otros, no porque «debemos» o como un amargo sacrificio, pero sí como una invitación a formar un vínculo de amor y mutuo empuje para nosotras y para los demás.

TERCERA PARTE

Sanarse:
Sea dueña de su propia excelencia

CAPÍTULO 10

Más allá del miedo:
Transformar los dragones

Nuestra fuerza se compone
muchas veces
de las debilidades que jamás
demostramos.

Mignon McLaughlin

AHORA que hemos examinado muchas de las formas y razones de por qué las mujeres nos atrapamos en la dependencia emocional, veamos cómo podemos, ir más allá del miedo y de los patrones limitantes de nuestro comportamiento, transformando los dragones internos y llegando a ser dueñas de nuestra propia excelencia. Mientras nos hacemos aptas para honrarnos a nosotras mismas y a nuestros progresos, nos acercamos cada vez más a una saludable independencia.

¿Cómo alientan los padres a un niño que empieza a andar? Lo cogen de la mano, lo proveen de un entorno seguro y lo felicitan por cada nuevo éxito.

Igualmente, yendo más allá del miedo, tome nota de que debe ir hacia delante como un principiante. Dé los pasos de un bebé. Esté orgullosa de cada paso titubeante, de cada nueva pisada. Conviértase en una madre bondadosa y alentadora. Felicítese por sus éxitos y consuélese después de sus fracasos.

El odiarnos no nos hace ningún bien. Cuántas veces se ha dicho «odio mi temor al rechazo», o «me odio cuando como demasiado». ¿El odiarse disminuyó alguna vez el miedo a ser rechazada o la medida (de un milímetro) de su cintura? Tómese ahora un segundo para releer esas dos expresiones sobre el odio hacia sí misma. Tome nota de dónde está la fuerza. Odio mi temor al rechazo se traduce como: Tengo miedo al rechazo —lo afirmo y lo odio.

El odiarse la conduce al objetivo de hundirse aún más en su consciencia. ¿Por qué no hacer un pequeño experimento? La próxima vez que sienta que se odia, ya sea por haberse hartado de comida antes de dormir o por haber dejado que alguien la domine, pruebe la Cura de Amor y Aceptación. ¿Quién, exactamente, está esperando que se odie por lo que sucedió? ¡Nadie! Háblese con espíritu de amor y aceptación. Esté de su lado. Seguro, usted pudo haberlo hecho mejor, pero lo que necesita ahora es una buena amiga —usted misma— para reír suavemente y darse ánimo.

Háblese. No es de locos —lo hacemos todo el tiempo, de todas maneras—. Pero hágalo bondadosamente. Sus animales domésticos se quejarían y escaparían si usted les hablara como lo hace consigo misma. Cree una atmósfera interna de amor y aceptación, así tendrá el coraje de tomar consciencia de sus miedos y sentimientos.

Un estudio interesante, escrito hace algunos años y publicado en la revista *Psicología Hoy,* informaba que varios psicólogos deportivos habían comparado atletas de clase mundial con atletas que nunca llegaban a su potencial total. La diferencia, descubrieron, era que los de nivel mundial eran capaces de perdonar sus errores inmediatamente y continuar, mientras que los otros se reprochaban cada vez que cometían un error. Este estudio refuerza la idea de que la habilidad de perdonarnos a nosotras mismas tiene como recompensa el éxito, mientras que sentirnos culpables y castigarnos se penaliza con el fracaso.

La negatividad nunca cura la negatividad. Como dijo una persona sabia una vez: «No podemos deshacernos de la oscuridad, dándole con un palo. Debemos encender la luz».

Pasos hacia la transformación

Reconozca los dragones y miedos que lleva dentro. Si comprende sus emociones y les permite estar allí, sin juzgarlas, irán pasando, sanarán y se transmutarán. Si opone una tremenda resistencia, tildándolos de malos/equivocados/feos, se fijarán en su mente y crecerán.

Reconozca sus sentimientos. No necesita tomar ninguna acción; solamente véalos. Anime a sus dragones a salir a la luz —invítelos a comer—. Luego *acéptelos*. Los sentimientos no son ni buenos ni malos; sencillamente *son*. Un suave clima de amor y aceptación fomenta la curación y el crecimiento.

El cambio es acción; viejos hábitos, reacciones. Para cambiar y transformarnos debemos elegir nuevas acciones conscientemente. Todas las viejas normas sepultadas, de las que hemos hablado, son arraigadas, pasivas, fijas, resistentes al cambio a la gente y a las circunstancias. La única manera de liberarnos es crear actos nuevos y frescos para reponerlas. Necesitamos *actuar* más que *reaccionar*. A medida que aprendemos a romper el ciclo de nuestras reacciones nos vamos transformando en el ser que realmente somos.

Como he ido argumentando en este libro, los pasos descritos son las herramientas básicas para el cambio. Ahora déjeme compartir con usted una perspectiva más amplia de cambio.

Comprensión, pausa, elección

PASO 1: *Concienciarse, reconocer y aceptar*

Saque hacia fuera sus antiguas normas, reacciones y temores.

PASO 2: *Pausa*

Antes de actuar, dé un paso hacia atrás, un tiempo libre —un recreo—, para ganar perspectiva. No podemos ver mucho cuando lo que queremos está delante de la nariz. Examine sus sentimientos; luego compare sus opciones: recuerde cómo reaccionaba en el pasado. ¿Sigue siendo apropiado o le gustaría elegir otras acciones más deliberantes, creativas y curativas?

PASO 3: *Elección*

¡Este paso es crucial! Al hacer una pausa, usted se ha desconectado del piloto automático, así que es libre para decidirse sobre un nuevo curso a tomar. ¿Cómo le gustaría actuar? Si su vieja reacción ya no funciona, elija una forma diferente. No tiene por qué continuar con las viejas normas. Ahora usted está en el asiento del conductor.

Si coge una sola palabra de este libro para hacerla suya, día a día, espero que sea *elegir*. ¡Si puede *elegir* actuar de forma distinta, aunque se sienta como antes, lo encontrará tremendamente liberador!

Una vez, cuando mi marido y yo nos encontrábamos en medio de una disputa, en la cual yo me sentía juzgada y rechazada, reconocí en mi reacción un viejo patrón, una danza de tres pases en la cual entraba cada vez que me sentía amenazada: primero, me sentía culpable y mal por «hacerlo» infeliz, así que me ponía jovial y conciliadora para sacarlo de su malhumor. Cuando esto no funcionaba, me convertía en la consejera-residente y (¡oh!, con tanta calma) le indicaba sus errores, citando las varias bases psicológicas de la desavenencia. Esto *nunca* funcionaba. Nadie, especialmente nuestra pareja, es receptiva a la «iluminación» en lo concerniente a las razones de nuestro comportamiento irracional mientras estamos heridas, airadas o frustradas.

Cuando ninguna de estas tácticas funcionaba, me sentía frustrada, sola y desalentada. Me retraía en un silencio de justa ira y me mantenía dentro de una nube de resentimiento y desilusión. Obviamente, mi malhumor era culpa suya. ¡No podía ser de otra forma! ¿Por qué no podía él ser distinto? Había caído en el papel de la víctima.

Durante este episodio en particular, antes de que el patrón tan familiar se manifestara de pleno, hice una pausa y me pregunté unas cosas muy importantes:

1. *¿Han funcionado estas reacciones en el pasado?*
2. *¿Me siento mejor cuando reacciono así?*
3. *¿Mejora nuestra relación después de reaccionar como antaño?*

En cada caso la respuesta era un rotundo «¡No!». Así que, obviamente, la siguiente pregunta era:

4. *¿Quiero seguir reaccionando así?*

Ahora, después de haber hecho una pausa y dado un paso hacia atrás en mis sentimientos, podía *elegir* cómo quería actuar.

Decidí ser objetiva —retraerme de lo que acontecía— sin ira, resentimiento o sentimientos reaccionarios, pero para que él tomara la responsabilidad de mostrar sus propios sentimientos.

Me encerré con mi grabadora e hice algunas notas para este y otro libro. En vez de intentar convencer a mi marido para que cambiara, yo cambié. Salí de mi papel de víctima, el de muy responsable y el de yo-debo-estar-equivocada mostrándome emocionalmente dependiente, y cuidé de mí misma.

Del cuello para arriba estaba alborozada por mi cambio de comportamiento, pero el resto de mi cuerpo seguía actuando como antes. Mi estómago era un nudo, y una gigantesca garra me cogía por la garganta. Mi cuerpo se sentía culpable, rechazado, asustado y solo, todo a la vez.

Hablé con mi cuerpo y con mi asustada niña interna, diciéndoles que yo cuidaría de ellos. Me alenté a relajarme y seguí asegurándome que estaba bien y que ya no necesitaba de los viejos sentimientos para protegerme. Muy lentamente, mi cuerpo comenzó a recibir el mensaje. ¡Después de algunas horas, el alborozo de mi cabeza empezó a bajar hacia el resto de mi cuerpo y me sentí fenomenal!

Había sido sincera conmigo misma, tomé cuenta de mis reacciones y convertí a un viejo dragón en una nueva y mejor forma de relación con mi marido. ¡Una experiencia liberadora! Fue saludable para mí también, ya que el viejo patrón siempre había creado resentimiento y hostilidad. Mi nueva norma de conducta nos liberó a los dos de tener que tratar con estos.

Necesitamos seducir nuestros dragones personales para que salgan de sus oscuras cuevas. Cuando podemos conseguir el coraje de hacerlo, nos estamos moviendo hacia una libertad emocional cada vez mayor. Mientras nuestros dragones salen a la luz del reconocimiento y nuestros deseos y habilidad para encarar y curar nuestro miedo interior se incrementen, seremos capaces de reemplazar los viejos dragones con nuevos patrones y, como resultado, obtener unas nuevas y frescas experiencias de libertad interna.

CAPÍTULO 11

El poder del pensamiento

*Generalmente, siempre estamos
afirmando algo, ya sea para bien
o para mal. Siempre estamos
diciendo «yo puedo» o «yo no
puedo». Lo que necesitamos
hacer es eliminar lo negativo
y acrecentar lo positivo. Al hacer
esto gradualmente, iremos
adquiriendo el hábito de pensar
positivamente.*

ERNST HOLMES

Los sabios han hablado, a través de los tiempos, sobre el tremendo poder del pensamiento humano:

Marco Aurelio:

«Nuestra vida está hecha por nuestros pensamientos.»

Salomón:

«Así como piensa el hombre, así es él.»

Buda:

«Todo lo que somos es el resultado de lo que hemos pensado.»

William James:

«El creer origina la realidad.»

Ralph Waldo Emerson:

«Lo que un hombre piensa de sí mismo es lo que determina, o más bien indica su destino.»

Henry Ford:

«Si piensas que puedes, o piensas que no puedes, acertarás.»

El pensamiento es el nacimiento de los sentimientos

La última de las libertades humanas es elegir nuestra propia actitud ante cualquier circunstancia.

VICTOR FRANKL

Por lo general, nuestras mentes mantienen más de un sendero de pensamientos. Algunos están más en la superficie del consciente que otros. Constantemente nos estamos hablando. Esto se llama autoconversación.

Escuche lo que se está diciendo en la intimidad de su mente. Si lo que se dice habitualmente es optimista, cariñoso y de apoyo, ciertamente será una persona feliz y llena de energías. Si el tono es autorrecriminatorio, resistente o negativo, inevitablemente se sentirá baja de ánimo y deprimida. El pensamiento es el nacimiento del sentir.

Una autoconversación negativa y temerosa socava su autoestima, crea sentimientos dolorosos y consigue que la independencia emocional sea inasequible. Una de las formas más rápidas de ponerse ansiosa es preocuparse por el futuro. Las frases de autoconversación del Foso del Futuro muchas veces comienzan así: «Que si...»; «Si no puedo con...»; «Me tengo que...».

Nuestras mentes, indisciplinadas, se extravían fácilmente del aquí y ahora hacia proyecciones de futuro. Necesitamos trazar nuestro futuro, pero no preocuparnos por él. Hacer planes crea seguridad; la preocupación, dolor. Planificar nos hace fuertes, preocuparnos acentúa la indefensión.

Compruebe sus autoconversaciones: ¿Cómo se habla a sí misma? ¿Es usted bondadosa y alentadora? ¿Hablaría así con su íntima amiga? ¿Cómo influyen sus pensamientos en sus sentimientos? ¿De forma positiva o negativa? No son las circunstancias que crean nuestros sentimientos; son nuestros *pensamientos* ante las circunstancias quienes engendran nuestros sentimientos.

Carrie había sido infeliz en su matrimonio durante mucho tiempo. Muchas veces decía: «Ojalá Bill se marchara». Finalmente, lo hizo, y ella se desmoronó. Con su miedo y dolor al encontrarse sola se olvidó de lo infeliz que había sido con él y solo se concentraba en lo mal que lo estaba pasando ahora que él se había marchado. No podía con su sentimiento de abandono y se culpaba por todo. Su dolor, cosa natural, se vio acrecentado por su autoconversación —las circunstancias que había deseado ahora se volvían insostenibles—. Su resistencia magnificaba tanto su pena que comenzó a beber para huir de sus sentimientos.

Podría haberse curado mucho antes de no haber sido por su autoconversación, que la victimizaba, y de haber elegido afirmaciones positivas que la ayudaran a reemplazarlas. Por ejemplo, cada vez que se encontraba repitiéndose la vieja y dolorosa letanía, podía haber dicho: «¡Soy fuerte y capaz de sobrellevar las circunstancias que se me presentan!».

Sus sentimientos, y los pensamientos que los crearon, son su responsabilidad, de nadie más. Asuma la responsabilidad (¡no la culpa!) de cambiar sus *pensamientos,* si quiere cambiar los sentimientos. Cuando elige hacerlo, deja de ser una víctima. A medida que sus pensamientos y sentimientos sean más positivos, la apoyen y sean más optimistas, usted vivirá una vida más libre. Se animará a sí misma.

Te convertirás en lo que piensas que eres

El gran poder del átomo ha cambiado todo menos nuestra forma de pensar, y así nos dejamos llevar hacia catástrofes inigualables.

ALBERT EINSTEIN

Imagínese como un jardín. ¿Qué pensamientos plantará en él? Los negativos, insanos, de autocrítica son como malezas. Cuando los plante positivos, sanos y constructivos, puede esperar una cosecha de hermosas flores. Así que solo usted puede determinar si su vida parecerá un jardín atestado de malas hierbas o uno bien cuidado, exuberante, con hermosas flores.

Si ha permitido a su mente dejarse llevar por el libre albedrío durante mucho tiempo (como la gran mayoría de nosotras), necesitará ejercitarse gradualmente para convertirse en una pensadora saludable. No ayuda el creer que nuestros pensamientos negativos son como una música inquietante de la radio; tenemos la facultad de cambiar el dial para encontrar otra melodía con la que tranquilizarnos y disfrutar. ¡Usted puede cambiar el dial de su autoconversación negativa! Escuche sin juzgar lo que está pensando. Si estos no la están llevando hacia una vida sana y a sentimientos positivos, cambie de estación.

Cambiar nuestros pensamientos es sencillo, pero no le resulta fácil. Romper un hábito es difícil, y los pensamientos insanos son los más obstinados de todos los que hemos construido durante nuestra vida. Necesitamos tener fe: lo que hemos hecho podemos deshacerlo pacientemente. ¡Llevará práctica y perseverancia, pero, créame, vale la pena! Simplemente, elegimos cambiar nuestros pensamientos, y luego nos formulamos un plan de acción. A continuación expongo un ejemplo de mi vida.

Cuando comencé a escribir este libro, tenía muy claro que estaba corriendo a toda marcha hacia mis temores al fracaso. En el colegio siempre temía desarrollar un tema o escribir un ensayo, y el pensar en escribir un *libro* me aterrorizaba. El día que tuve que encontrarme con mi agente literario por primera vez, utilicé laca para el pelo en vez de desodorante y perdí mi coche aparcado en el mismo sitio desde hacía dos años. Estaba completamente confusa y no era de sorprender. En ese momento, mi autoconversación dominante era: «¿Qué te crees que estás haciendo? ¡Tú no sabes escribir! Siempre sacaste suspensos en inglés (no era así, pero sentía que sí). ¡Debes estar loca! *Tú* no tienes nada que decir».

Mi mente estaba llena de frases insanas —lo que es más, mi mente se había convertido en mi enemiga—. Me sentía ansiosa y desorientada. Decidí cambiar mis pensamientos. Tentativamente, me aseguré de que tenía algo que decir. Después de todo había pasado muchos años trabajando como terapeuta y conseguí muchas cosas utilizando las ideas sobre las cuales me proponía escribir. Comencé a sentirme menos ansiosa... o así lo pensaba.

Llegué a mi despacho para la primera maratón de escritura sin mis archivos de investigación, notas, grabadora y cintas grabadas muy importantes. Todo eso —¡mi libro!— se había desparramado por la calle, ya que los había dejado sobre el capó de mi coche al partir. ¿Por qué me estaba saboteando? Me di cuenta que tenía miedo, y, si fracasaba, parecería tonta y habría perdido mucho tiempo. Si triunfaba, la gente podría sentirse celosa y todavía guardaba muchos recuerdos de la escuela y de la familia concernientes a los celos. ¿Podría una chica «corriente» como yo hacer algo «excepcional» como convertirse en autora de un libro?

> *Nunca me había dado cuenta hasta ahora, que se suponía que las mujeres eran de sexo inferior.*
>
> KATHERINE HEPBURN

Distintamente a la señorita Hepburn, yo sí había reparado en ello. Este libro me está empujando lejos de mi área de comodidad, cruzando límites más allá de lo posible para continuar y funcionar si me sintiera inferior. Tenía que arriesgar.

Comencé a llevar el proyecto más alegremente. Alguien dijo una vez «Los ángeles vuelan porque se transportan livianamente». Había llevado tan en serio lo de escribir que casi no podía andar, menos volar. Decidí REMONTAR: Estirarme y Arriesgar; decidí que disfrutaría haciéndolo y me divertiría siendo una autora. Habiendo elegido pensar de forma distinta, comencé a poner en marcha algunas afirmaciones positivas.

Desarróllese para ser una pensadora saludable

Los pocos elegidos que han podido dominar el arte de la meditación pueden vaciar sus mentes; los demás no podemos dejar de pensar, y mucho de lo que pensamos no nos conduce a la felicidad. Por eso, cuando nos sorprendemos pensando negativamente, necesitamos escribir nuevamente un guion para reemplazar nuestra insana autoconversación.

Evite el error de castigarse por sus pensamientos negativos. Si se pesca en medio de alguna conversación destructiva en particular y se riñe así: ¡Allí voy otra vez! ¡Qué terrible! ¡No me llama la atención que me sienta tal mal! ¿Por qué no puedo parar esto?, solo comenzará con una nueva línea de pensamientos negativos y de autocrítica. En vez de esto, otórguese una estrella de oro por el buen trabajo de ser su monitor, vigilante de sus pensamientos.

Yo me observo hablar cuidadosamente. Recientemente estaba trabajando con una paciente con tendencias suicidas. Después de la sesión, me di cuenta de que estaba deprimida y a punto de llorar. Escuché mi autoconversación y me estaba diciendo: «¡Debo poder salvarla! Si muere, yo seré la responsable. ¡No sabré qué hacer si no se cura!». No es extraño que me sintiera mal.

Revisé la realidad de esos sentimientos debilitantes y comencé a reemplazarlos con: Ella es una criatura de Dios, segura en el universo, yo soy una buena terapeuta; yo me amo a mí misma y a ella. Me la imaginé bien y feliz. Comencé a sentirme mejor, triste, porque la situación lo era. Pero cambié las frases que me estaban lastimando y empecé a liberar mis sentimientos de miedo y fracaso, que hubieran sido un obstáculo en mi tarea de ayuda.

Las afirmaciones son semillas de flores que plantamos en nuestro subconsciente. Tienen el gran poder de ayudarnos a construir una vida feliz, auténtica y libre de temor. Las afirmaciones conscientes son una forma efectiva de reprogramar las autoconversación negativa, suposiciones ocultas y actitudes escondidas.

Probablemente, la afirmación más importante que se puede hacer es: «Yo me amo». Si no puede decir esto, pruebe con: «Estoy dispuesta a amarme». Cada vez que toma consciencia de que está hablando de forma insana, reemplácelo con una de las siguientes afirmaciones, o cree las suyas para sus propias necesidades.

Autoconversaciones positivas y afirmativas

1. *Yo me amo.*
2. *Soy buena amiga para mí misma y para los demás.*
3. *Soy una persona creativa y valgo la pena, aunque me equivoque.*
4. *Conozco mis límites y fronteras y los defiendo de manera firme y cariñosa.*
5. *Ahora tengo tiempo, energía, sabiduría y dinero para alcanzar lo que quiero.*
6. *Soy importante en mi vida.*
7. *Ahora estoy de acuerdo en alcanzar mi peso y apariencia ideal.*
8. *Soy una persona valiosa e importante y me merezco el amor y el respeto de los otros.*
9. *Tengo amistades satisfactorias que me apoyan.*
10. *Me siento creativa y apreciada en mi trabajo.*

Sus propias afirmaciones: Frases de semillas florales

1. _____
2. _____
3. _____
4. _____
5. _____

No solo nos convertimos en lo que pensamos; también en lo que imaginamos y sentimos. Mientras repite sus afirmaciones, imagine las realidades detrás de ellas, tan claramente y con el menor detalle posible. Si usted afirma que vale la pena, cierre los ojos y visualice o sienta una imagen de sí misma apreciada por otros; o mírese en el espejo y dígase cuánto vale y cuánto vale la pena. Si recibe una nota o tarjeta de apreciación, llévela consigo y mírela de vez en cuando.

No espere resultados inmediatos. Usted está reprogramando su subconsciente —el ordenador más complejo del mundo—. Llevaría tiempo poner sus sentimientos al mismo nivel que sus nuevos pensamientos. Pero aunque todavía no sienta la verdad de la afirmación, sepa que el verdadero trabajo lo está haciendo a nivel de subconsciente. Esto ha sido probado como una verdad, una y otra vez, por personas que han practicado fielmente la afirmación. Esto incluye grandes deportistas y trabajadores de éxito.

Piense que el proceso de reprogramar su autoconversación es similar a entrenar a un cachorro a andar con correa. Al principio, baja la cabeza y no quiere moverse. Una vez que se hace a la idea, corre por delante, disfrutando con la experiencia, nuestros sentimientos se comparan con esto: una vez que nuestra autoconversación se torna bondadosa y sana, nuestros sentimientos surgirán hacia delante, más libres y felices.

Usted podrá oír una voz interna insidiosa, mofándose de sus esfuerzos y descontando que cualquier posibilidad de éxito de este tonto ejercicio funcione. Le dirá que seguramente fracasará. Tratará de hacerla sentir desesperanzada y sin apoyo; negará su derecho a ser feliz. Le dirá que solo las afirmaciones son demasiado sencillas como para surtir efecto.

El siguiente ejercicio es bueno para exorcizar al Desconfiado interno que está a su lado, diciendo: «¡Oh, sí! ¿Quieres apostar? ¡No lo conseguirás!».

Coja una hoja en blanco y *en letras de molde* y, sobre la columna izquierda, escriba su afirmación, luego, sobre la columna derecha, *escriba rápidamente* cualquier respuesta negativa del Desconfiado. Continúe escribiendo así sus afirmaciones y sus comentarios negativos hasta que el Desconfiado se agote. Ahora ya está preparada para utilizar sus afirmaciones sin problemas con su saboteador interno.

Exorcizar al desconfiado de la autoconversación

Afirmación (Letras de molde)	Respuestas negativas (Escriba rápidamente)
1. Yo me amo.	¡No te puedo creer!
2. Yo me amo.	¡Por qué? ¡Nadie más te quiere!
3. Yo me amo.	No te mereces el amor.
4. Yo me amo.	Has hecho muchas cosas malas.
5. Yo me amo.	No eres lo suficientemente espiritual.
6. Yo me amo.	Quizá un poco, algunas veces.
7. Yo me amo.	¡Pero si llevas 40 kilos de más! Serán capaces de amarte cuando los pierdas.
8. Yo me amo.	Te equivocas tanto... pero sigues intentando.
9. Yo me amo.	Estoy cansada de escribir esto.
10. Yo me amo.	Bueno, bueno...
11. Yo me amo.	Si me amo... merezco ser amada.

Utilice sus afirmaciones sinceramente. Elija cómo ha de pensar. Imagínese experimentando ya las circunstancias y las actitudes que afirma. Comenzará a sentir la libertad de ser usted misma.

> *Su mente es un recinto sagrado en el cual nada que le haga daño podrá entrar sin su permiso.*
>
> ARNOLD BENNETT

Usted es responsable de lo que entra en su mente. Cuando las preocupaciones la atormentan, póngalas en lo que mi padre llamaba

«La lista de las preocupaciones de las 2:00 a.m.». Como él duerme muy bien, raramente llega a leer esa lista.

Lea solamente cosas que nutran su espíritu y eleven sus pensamientos. Esté con gente positiva, optimista y feliz. Busque las formas de protegerse de «vibraciones» absorbentes y negativas. No se someta a televisión o películas negativas. Usted creerá que no la afectan, pero su subconsciente cargará con las ideas (y miedos) durante días, quizá años. Es comida basura para la mente.

Puede plantar sentimientos, cuya simiente es la escasez, en cuyo caso terminará por experimentar carencias y creer en ellas; o puede plantar simientes de abundancia. Usted decide: puede creer en sus limitaciones o en su elevación.

Mi hijo es un ejemplo de fe. Su eterna ambición era ser un atleta profesional. Durante su último curso en la escuela se lesionó muy seriamente en la rodilla derecha, y un cirujano ortopedista le diagnosticó que nunca podría volver a practicar deportes y que existía una gran posibilidad de quedarse cojo para el resto de su vida. Ambos rehusamos creer en esas limitaciones y buscamos hasta encontrar un especialista en rodillas, que nos dio esperanzas. Dos años y tres intervenciones después, completó su primera carrera de triatlón: nadar una milla y media, montar en bicicleta cincuenta millas y correr trece millas y media de una maratón. ¡Él eligió creer que podía, y así lo hizo! ¡Usted también puede!

CAPÍTULO 12

Sí, tenemos derechos

*Helmer: Recuerda que ante todo
eres esposa y madre.
Nora: Yo no creo más en eso.
Creo que antes que todo eso,
soy un ser humano, tal como
lo eres tú.*

<small>HENRIK IBSEN</small>

Proyecto de Ley para los Derechos de las Mujeres

1. Tengo el derecho de ser tratada con respeto.
2. Tengo el derecho de tener y expresar mis sentimientos y opiniones.
3. Tengo el derecho de ser escuchada y tomada en serio.
4. Tengo el derecho de establecer mis propias prioridades.
5. Tengo el derecho de decir «No» sin sentir culpa.
6. Tengo el derecho de pedir lo que quiero y necesito.
7. Tengo el derecho de ser diferente a como se espera de mí.
8. Tengo el derecho de hacer mis propias elecciones.
9. Tengo el derecho de reír y divertirme.
10. Tengo el derecho de amar y ser amada.
11. Tengo el derecho de ser remunerada justamente por mi trabajo.
12. Tengo el derecho de ser feliz.

ESTA lista fue recopilada de fuentes ya olvidadas; el único origen que recuerdo es mi propia vida. En mi viaje hacia la independencia he luchado con todo esto.

Cuando lee esta lista, ¿cuál es su respuesta? Si puede decir: «Sí, creo que tengo derecho a esto en mi vida», ha traspasado la dependencia y ha logrado el coraje de ser usted misma.

Pero si algunos de los ítems hacen que mueva la cabeza y diga: «¡Debes estar bromeando! Nunca podría sentirme así, y si así lo hiciese, mi familia y mis amigos nunca lo aprobarían». Si es así, continúe leyendo.

Es verdaderamente cierto que enseñamos a los demás cómo queremos ser tratados. Antes de esperar un buen trato, debemos creer merecerlo. Antes de que se respeten nuestros derechos, debemos creer que los tenemos.

Para convencerse de que los tiene, recuérdelos constantemente. Ponga una copia de esta lista, o hágase una propia y colóquela en un lugar visible en su casa o en su lugar de trabajo, tendrá un doble propósito: le recordará por qué está trabajando, implantando ideas positivas en su subconsciente, y hará conscientes a los demás de a lo que quiere llegar.

Kristy trabajaba jornada completa, sin embargo, su marido y sus dos hijos esperaban que ella asumiera toda la responsabilidad de la casa. Se declaró en huelga... no por un día, ni una semana, sino por tres meses. Hacía la compra, cocinaba y lavaba para ella, no para la familia. Anteriormente se había sentido víctima de su situación e incapaz de llegar a una buena solución; así que estaba cada vez más resentida y airada. Cuando tomó conciencia de que sí, ¡que ella tambien tenía derechos! y se declaró en huelga, sus sentimientos de ira desaparecieron.

Estaba dispuesta a arriesgar el disgusto con la familia. Al principio tuvo que resistir fuego antiaéreo. Su marido y sus hijos la importunaban con sus agudezas, pensando que estaba bromeando; la segunda semana estaban furiosos porque se dieron cuenta de lo mucho que le pedían y sabían que deberían cambiar. Su huelga dio sus frutos; ahora Kristy tiene tres colaboradores dispuestos.

Riesgo: Responsabilizarse y asumir elecciones creativas

Todos estamos determinados por el hecho de haber nacido humanos, y he aquí la interminable tarea de realizar elecciones. Debemos elegir los medios junto con los propósitos. No podemos contar con que nadie nos salve, pero sí tomar conciencia de que las elecciones erradas nos hacen incapaces de salvarnos.

ERICH FROMM

Crecer requiere la habilidad y el deseo de arriesgar, de cortejar lo inesperado. El arriesgar da miedo, pero sin riesgo no nos será posible deshacernos de las cadenas de la dependencia emocional.

Cada riesgo que tomamos y cada dolor que curamos, cada dragón interno que domamos, despeja el camino hacia la libertad para que otras puedan seguirnos. Me gusta pensar en esas mujeres que tuvieron el coraje de pedir el voto y retener sus bienes cuando contraían matrimonio. Dejaron una huella de concienciación para el resto de nosotras, tal como seguramente lo hicieron los pioneros en el Oeste.

Nuestros nuevos caminos de concienciación tienen algunos hitos históricos, para la mayor parte es una huella invisible que solo se intuye. Ha sido construido y pavimentado por el coraje, las esperanzas, las lágrimas y los temores de las mujeres que nos precedieron. Cada riesgo que asumimos lo hace más fácil para que las otras tengan el coraje de arriesgar ser ellas mismas. Al crear nuevos patrones de nuestras propias acciones, creamos normas para el respeto bondadoso de los demás, ya sean hombres o mujeres.

No es fácil encontrar la felicidad dentro de nosotras mismas y es imposible encontrarla en otra parte.

AGNES REPPLIER

Tu vida es tu responsabilidad. Hay muchas cosas sobre las cuales no tenemos control y por las cuales no somos responsables; pero sí lo eres por la forma en que respondes a las circunstancias. Y tu sola respuesta determina si estas se resuelven positivamente.

Cuando nos hacemos responsables —esto es, cuando aprendemos a elegir nuestras respuestas libre y conscientemente— somos libres para construir una vida de crecimiento continuo e incrementar la felicidad.

Por esas circunstancias de la vida que no hemos podido controlar, tales como las heridas emocionales recibidas durante la niñez, podemos aprender a responsabilizarnos de nuestras penas y elegir creativamente la forma de enfrentarlas en el futuro.

Victoria, de quien ya hablé, fue víctima de un abuso sexual desde la niñez hasta los dieciocho años. Ella no fue responsable por esa primera pena, pero sí de su respuesta a la rehabilitación. Victoria *debe* apenarse; en este momento su dolor es tan grande que simplemente no tiene elección. Pero es libre de elegir cómo se apenará. Aunque su lucha es gigantesca, está arriesgando al experimentar su dolor, responsabilizándose de su curación y eligiendo creativamente. También se está acercando a otros con penas similares... Una señal de que se está curando bondadosamente.

Aunque no hayamos soportado un trauma tan atroz como el suyo, todas llevamos cicatrices que afectan a nuestras vidas. Necesitamos tomar la responsabilidad de tratar a esas viejas heridas y elegir la manera de sanarlas, así podemos seguir hacia cosas mejores. Pregúntese: «Si yo me responsabilizara de esta situación de mi vida y de mi respuesta, ¿cómo podría alterar, curar, evitar, resolver, parar, trabajar con ello o cambiarlo? Si comenzara a contar con usted misma para llegar a las soluciones, ¿por dónde empezaría?».

¿Cuál será el primer paso de bebé que dará? No se preocupe por las dimensiones del proceso; dé solo un pequeño paso. Si necesita apoyo moral, hable con una amiga o con un consejero profesional. ¡Pero hágalo!

Si persistimos en que «ellos» deberían cambiar antes de que podamos ser felices, nunca llegaremos a ninguna parte. Ya sea que «ellos» sean su familia, pareja, amigos, la economía, el tiempo, las circunstancias o los padres poco cariñosos, si dependemos de ellos para cambiar nuestra vida... ¡Buena suerte! ¡Estamos listas! Cuando nos damos cuenta de que somos responsables —no culpables, pero sí responsables— de nuestra propia vida y felicidad, comenzaremos a construir esa fuerza interna para cambiar y hacer elecciones creativas.

Si, por ejemplo, su marido es un alcohólico, tiene una solución: culparse por la circunstancia y ser una víctima, ir a Alcohólicos Anónimos, o dar algún paso práctico para solucionar la situación.

¿Se siente sin brillo y sin vida? ¿Qué dragón interno le impide brillar a través de la superficie? Elija responsabilizarse de su curación: arriesgue explorar sus normas de vida y entérese de lo que pasa. Encuentre maneras de infundirse entusiasmo. No podemos sentirnos aburridas, sin brillo o sin vida y entusiastas al mismo tiempo.

Con cada cambio se arriesga una crisis. A medida que comience a cambiar sus respuestas, indudablemente desagradará a algunas personas de su vida. La gente se resiste a los cambios y está acostumbrada a usted tal como es. El carácter chino para *crisis* es una combinación de los caracteres de *peligro y oportunidad*. Arriesgar el cambio hace peligrar el *statu quo*, pero abre una nueva oportunidad de liberación, para nosotras, nuestras familias y nuestros amigos. El riesgo nos puede asustar, pero trae muchas recompensas, necesitamos ir tras él.

> *Atrevámonos a ser nosotras mismas, porque hacemos esto mejor de lo que pueden los demás.*
>
> Shirley Briggs

Es *su* vida, no la malgaste. Usted puede trazar un mapa de carretera hacia una vida más feliz al aceptar el hecho de que es responsable de cambiar lo que necesita cambiar, y de elegir un curso de acción creativo que mejorará su vida.

Hable sin explotar

Tenía ira contra un amigo.
Le conté mi cólera, mi cólera cesó.
Tenía ira contra un enemigo.
No se lo dije, mi cólera creció.

WILLIAM BLAKE

Aprender a hablar por nosotras mismas es muy importante, mientras elegimos las nuevas acciones de riesgo que pueden amenazar emocionalmente a otros. Hay dos maneras de hablar de nuestra cólera: la constructiva y la destructiva. Todas hemos visto (y probablemente usado) el método destructivo; esconder nuestros sentimientos o explotar y dejar que nuestras crudas emociones manchen los rostros de la gente. El camino detructivo de la cólera tiende a crecer, no a decrecer.

¿Cómo podemos hablar sin explotar o hacer que otros exploten? Primero, convénzase de que tiene el derecho de hablar. Si necesita refrescar su memoria, refiérase al Proyecto de Ley de Derechos, enumerado anteriormente.

Quizá también querrá buscar en su conciencia frases simientes que no permitan que otros escuchen y respeten sus palabras. Una de mis frases era: «Si no tienes nada bueno que decir, no digas nada». Me rodeaba de amigas que habían sido entrenadas, como yo, a tener miedo a la confrontación y a la comunicación honesta. Cuando le puse voz a mis sentimientos, mis amigas me dijeron que lo que tenía que decir no era «bueno», y yo las creía. Así que durante años seguí escondiendo mis sentimientos, hasta sentir la necesidad de compartirlos, temiendo que me rechazaran, me llamaran bruja o movieran la barca de mi precaria dependencia emocional.

Cuando creemos que tenemos derecho a ponerle voz a nuestros sentimientos y opiniones, necesitamos aprender cómo hablar de ellos constructivamente. Hablar de manera que otros vean y entiendan nuestras conclusiones desde nuestro punto de vista, convencerlos, necesitamos hablar con el afán del *entendimiento* entre nosotros: hablar sin culpar y escuchar sin juzgar.

Reviente... pero...

Reventar es como sacar la basura, nuestras mentes crean basura emocional que a su vez crea toxinas dañinas en nuestros cuerpos; si no explotamos y quitamos esas toxinas, corremos el peligro de «reventar hacia dentro» y originar enfermedades relacionadas con la supresión, como la depresión, problemas de corazón y hasta cáncer. En vez de explotar hacia fuera, muchas mujeres lo hacen hacia *fuera* —por ejemplo, engordan—. Siempre me doy cuenta cuando estoy conteniendo algo, aumento de peso.

Hay un arte de reventar constructivamente. Cuando nuestros dragones internos han aumentado su producción de vapor, necesitamos explotar, sin apuntar a nadie y lejos de objetos frágiles. Los niños saben cómo hacerlo: se tiran al suelo, golpean y patalean. Raramente se hacen daño.

Padres sabios y maestros les dan un tiempo para expresarse. La niña puede irse por su cuenta y expresar todo lo que desee.

¡Dese un tiempo! Lleve la fuerza de su ira y frustración lejos de la gente y déjela marchar. Posteriormente hable.

Si realmente va por ello mientras explota, se sentirá cansada pero limpia. Robert Frost decía: «El mejor camino es siempre a través». Yo creo que esto es la verdad de las emociones.

Después de habernos dado un tiempo para destapar el exceso de energía, podemos hablar y escuchar constructivamente, con la ayuda de unas pocas herramientas de comunicación.

Herramientas para la comunicación constructiva

> *Los mejores discursos improvisados son aquellos escritos con antelación.*
>
> RUTH GORDON

A) Prepare la comunicación por medio de:

1. Explotar en la intimidad.
2. Aclarar sus sentimientos y lo que desea decir:

a) Hágase notas. Una paciente mía lleva un memorándum emocional sobre ella misma, llamado «Memo para mí: estoy enfadada por (——)». Escribe sus pensamientos y los pone en el anaquel de EN-TRADA para trabajar en ellos cuando sea conveniente. *Siempre* vuelve a esos archivos de ENTRADA aunque no sea más que para ver si sus sentimientos están claros. Si usted no los constata, es una señal de que los está reprimiendo.

b) Organice lo que quiere comunicar.

c) Ensaye lo que pretende decir.

Recuerde, la comunicación no es una guerra de guerrillas. La razón de hablar es para crear amor, comprensión e intimidad.

B) Momento

¡No puedo apuntar cuán importante es elegir el momento para tener una buena comunicación! ¡Es esencial! Muchas personas arruinan cualquier posibilidad de comunicación constructiva por no elegir un buen momento. Estas tres palabritas: *Tenemos que hablar,* llenan de terror a las personas que temen los enfrentamientos. Si agregamos *ahora,* nos preparamos para una postura defensiva. Es justo que ambas partes se pongan de acuerdo en cuanto al momento.

A través de los años, mi marido y yo desarrollamos un sistema que funciona para ambos. Si yo quiero hablar, le digo que necesito hacerlo en algún momento dentro de las siguientes veinticuatro horas. Le hago conocer el motivo... con una o dos frases máximo. Luego le digo lo importante que es para mí. Ya que él puede elegir el momento en el que estaremos de acuerdo los dos, tiene el sentido del poder en el proceso. Si yo me abalanzase sobre él y demandara hablar «ahora mismo», se sentiría atacado y a la defensiva. Lo sé porque lo he hecho... ¡y no funcionó!

Una vez que elige el momento, puede poner en orden sus pensamientos sobre el tema —puede prepararse—. Algunas personas encuentran que ayuda preparar una cita para hablar de algo que ha surgido, o mantener una cena de «limpieza de aire» una vez por semana, o quizá establecer un horario de diez o veinte minutos cada noche para hablar específicamente.

C) Comunicarse

1. *Manifieste cuál es su meta.* Antes de hablar, respire hondo, cójanse de las manos y cada uno manifieste cuál es la meta de sus argumentos. ¿Qué espera ganar? ¿Aprender? ¿Comprender? Si se desvía del tema, recuérdelo.

2. *Diga cómo se siente.* Al comenzar la conversación, ¿cuáles son sus miedos y síntomas físicos? En vez de protegerse detrás de una máscara agresiva, indiferente o adusta, muestre sus vulnerabilidades. Cuando yo necesito hablar sobre algo incómodo, mi cuerpo se pone muy ansioso. Así que podría decir: «Esto es muy difícil para mí. El corazón me late y mi estómago está hecho un nudo. Estoy transpirando y siento la lengua grande y seca».

3. *Verifique su realidad.* Algunas veces lo que percibimos de los demás no es lo que pensamos. Antes de reaccionar, afronte sus supo-

siciones: necesito verificar mi realidad; me siento excluida; ¿estás enfadado conmigo? Si la respuesta es sí, puede elegir continuar o dejarlo para más tarde. Si la respuesta es no, acéptela. Si sus sentimientos persisten, afróntelos otra vez.

    4. *Utilice «Mensajes con yo»*. Esto tiende a eliminar las defensas. La fórmula es: «Cuando tú haces/dices (——) yo me siento (——)». La idea es expresar *verdaderos sentimientos,* no juicios o acusaciones. Utilice una o dos palabras como mucho para describir un sentimiento verdadero. Ejemplos de sentimientos: herida, confusa, cansada, enfadada, feliz, incómoda, abandonada o excitada. Sentimientos que describen lo que le está sucediendo a *usted* y no juicios sobre lo que está haciendo la otra persona. He aquí un ejemplo de un mensaje claro: «Cuando me hablas con ese tono de voz, me siento herida y enfadada».

    Por contraste, «Mensajes con tú», señalar, enjuiciar, hacer una crítica personal e interpretar. El «Mensaje con yo» anterior podría haber sido un «Mensaje con tú»: «¡Cuando me hablas con ese tono de voz, lo haces solo para herirme!», o «¡Me haces sentir mal. Me hieres!». El mensaje silencioso al final de un «Mensaje con tú» es: ¡Eres un maleducado!

    «Mensajes con yo» *informan.* «Mensajes con tú» *atacan.*

Ejemplos:

Mensajes con Tú	*Mensajes con Yo*
Eres repugnante e irresponsable cuando bebes.	Cuando bebes, yo me siento asustada y disgustada.
Eres un maleducado y un irresponsable cuando no llamas para avisar que llegarás tarde.	Me siento como una niña abandonada, cuando no llamas para avisar que llegarás tarde.
Eres un insensible matón por atormentarme cuando sabes que me hiere.	Cuando me atormentas, me siento desvalida y enfadada.

D) Comunicación no verbal

Una de mis pacientes estaba en el hospital después de haber dado a luz. Su suegra la visitó y le dijo: «Vi que tenías muchas flores ayer, así que te traje algo hoy». Le entregó un pequeño cacto, sin empaquetar, que aún llevaba la marca de su bajo precio. Un mensaje no verbal, humillante.

Las acciones dicen más que las palabras. Cuando nuestros mensajes no verbales no están sintonizados con nuestras palabras, todo el mundo se confunde. Todas hemos tenido la experiencia de haber estado en presencia de una persona tan distante y tan fría que hizo que se nos helaran los pelos de la nariz, pero al preguntar qué pasaba, ella respondía (fríamente): «¡Nada!». Este es un mensaje mixto (o doble).

E) Escuchar

> *Se necesitan dos para decir la verdad: una para hablar y otra para escuchar.*
>
> HENRY DAVID THOREAU

El escuchar probablemente es la parte más importante de cualquier comunicación. Escuchar lleva al entendimiento y crea un puente de intimidad. He aquí algunas sugerencias para fomentar el ser un buen oyente.

1. *Permita pausas.* Antes de formular una respuesta, asegúrese de que ha tomado el tiempo suficiente para oír verdaderamente lo que su pareja le ha dicho. Resístase a la tendencia de correr a la cabeza de los pensamientos de su pareja, y así comenzar a guardar la munición para responder.

Los silencios son esenciales para la verdadera comunicación. Si trata de interrumpir mientras la otra persona está hablando, no está escuchando. Y al no hacerlo no permite que se puedan comunicar, ya que no afirma sus valías. La comprensión solo se consigue escuchando. El trato prospera con el entendimiento. Si quiere entablar buenas relaciones, escuche. ¡Verdaderamente escuche!

2. *Reflexione.* Siempre tenga claro lo que cree que su pareja le ha dicho. Si alguna vez ha jugado a un juego de salón, el Murmurador (también llamado Teléfono), donde los participantes se van pasando un mensaje de unos a otros, sabe que este llega distorsionado porque se ha escuchado mal. Verifique que ha oído bien. Asegúrese que los dos están hablando del mismo tema o sentimiento. Diga algo así como: «Cuando dijiste que te parecía bien que fuera con Nancy al cine el viernes por la noche, ¿me estabas pidiendo que no fuera?». No dé por sentado lo que se quiera decir. Ya sabe lo que dicen acerca de asumir: hace tontos a ambos.

Reflexione. Indague. Esté segura que entiende. Escuchar de verdad conlleva paciencia y voluntad. ¡La recompensa bien lo vale!

Respetar lo que queremos y necesitamos

> *¿Por qué las mujeres dejaron sus hogares para prestar sus servicios en el mercado? ¿Por dinero? Ciertamente. Pero quizá fue porque necesitaban realizarse. Usted debería haber estado allí para saber lo que es ser invisible. Moverse y no ser vista, hablar y que nadie escuche. Tener una familia que cada tarde, al regresar al hogar, diga: «¿Hay alguien en casa?».*
>
> ERMA BOMBECK

¿Se ha sentido alguna vez invisible? ¿Quién de todas las personas que conoce tiene el poder de hacerla sentir así? ¡Usted! Y nunca será visible hasta que no respete sus necesidades y deseos.

¿Qué es lo que quiere y necesita? ¿Afecto? ¿Aprobación? ¿Amor? ¿Abrazos? ¿Tener éxito? ¿Ser escuchada? ¿Ayudar en la casa? ¿Pide ayuda para llenar esas necesidades o espera que la gente «sepa» de ellas sin que las pida? ¡Eso no vale! Con esperar que los demás nos lean la mente casi nunca hace que obtengamos lo que necesitamos.

Simone, una profesora, estaba triste por su segundo divorcio y se sentía despojada y desvalorizada. Finalmente, se armó de coraje para pedir lo que necesitaba: mucho afecto y el reconocimiento de que estaba bien a pesar de sus dos divorcios. Se hizo una insignia, que llevaba al colegio. Decía: «¡Necesito ocho abrazos al día!». Su acción causó una revolución. Al poco tiempo, la gente no solo la abrazaba a ella, sino que se abrazaban entre ellos. Un clima de camaradería se creó entre los profesores, algo que no había existido hasta entonces.

Otras personas nunca pueden darnos todo lo que necesitamos y queremos, así que debemos aprender a llenar nuestras propias necesidades.

Pat es nuevamente soltera y necesita abrazos y amor. Esa necesidad de afecto oculto tiene su origen en la relación con su madre, que no la apoyaba, y la separación de su marido solo sirvió para exacerbar su sensación de abandono. Su pequeña niña interna llora por una aceptación cariñosa.

Tengo una muñeca en mi despacho, y, cuando se la doy, vuelca todo el amor que su pequeña niña implora. La alenté para que se comprara una o un osito de peluche. Parece tonto, pejo ayuda. Abrazar, retener, hablar y aceptar un juguete así nos apoya para desarrollar actitudes apacibles y curativas para nuestra niña interna. Pruebe a abrazar varios ositos o muñecas en una juguetería para encontrar el que mejor le vaya. El caso de Pat es un buen ejemplo de cómo los objetos externos pueden ayudarnos a explorar nuestras necesidades internas y respetarlas. Tenemos el derecho de conocerlas y llenarlas. Podemos estudiar la forma de pedir lo que queremos y aprender a cubrir nuestras propias necesidades.

A medida que vamos tomando confianza en nuestros derechos y aprendemos a respetar nuestras necesidades, abriremos las puertas a nuestra unidad interior y salud. Iremos más allá de la dependencia y descubriremos el coraje de ser nosotras mismas. Hallaremos y respetaremos nuestra propia excelencia y animaremos a los demás a que lo hagan.

CAPÍTULO 13

Tener el coraje

¿Quién sabe lo que pueden llegar a ser las mujeres cuando finalmente sean libres para ser ellas mismas? ¿Quién sabe cuánto podrá contribuir su inteligencia cuando puedan ser alentadas sin negar el amor?

BETTY FRIEDAN

En ocasiones todo lo que necesitamos para hacer grandes avances en la obtención del coraje de ser nosotras mismas es darnos permiso. Demasiadas veces esperamos que alguien nos diga: «Seguro, está bien que seas quien realmente eres». Pero pregúntese: ¿Hay alguien en esta vida que realmente tenga ese poder sobre usted? ¡No! Nadie más que nosotras puede dar ese empuje para cambiar. Nadie más conoce esos anhelos ocultos, sueños y miedos que luchan dentro de nosotras. Así, solo usted puede saber dónde y cómo puede otorgarse el permiso de convertirse en su auténtico yo.

El crecimiento y desarrollo personal comienzan cuando nos damos permiso para *ser*. Recuerde estas frases del Proyecto de Ley: «Tengo el derecho de ser diferente a lo que esperan los demás de mí». A veces, hay un periodo de ajuste después del compromiso con nosotras mismas. Es diferente para nosotras y para otros. Pueden quedarse boquiabiertos con el nuevo patrón; nosotras también, pero para poder crecer, salir de la dependencia emocional y ser auténticas, necesitamos aceptar las incomodidades y apegarnos a nuestro compromiso.

Estas palabras fueron escritas sobre la tumba de un obispo anglicano, que fue enterrado en la cripta de la Abadía de Westminster en el año 1100 d. de C.:

Cuando era joven y libre, y mi imaginación no tenía límites,
soñaba con cambiar el mundo.
A medida que crecí y me volvía más sabio, descubrí
que el mundo no cambiaría, así que recorté mis esperanzas
y decidí cambiar solo mi país.

Pero ello también parecía inamovible.
Cuando llegué al atardecer de mi vida, en un desesperado
último intento, me conformé solo con cambiar mi familia
y a los más allegados, pero pena, no quisieron saber nada.
Y ahora, yacente en mi lecho de muerte, de pronto
me he dado cuenta:
Si solo me hubiera cambiado a mí mismo, luego con
el ejemplo podría haber cambiado a mi familia.
A través de su inspiración y apoyo, podría haber hecho
algo más por mi país y, quién sabe,
hasta podría haber cambiado el mundo.

Nadie dijo que sería fácil

El coraje, como lo define este libro, es el deseo de actuar aun cuando se siente temor. Si hemos sido emocionalmente dependientes de los demás durante mucho tiempo, nos atemorizará tomar decisiones independientes sobre nuestra vida y arriesgar la desaprobación de los demás. Hasta un paso de bebé nos adelanta más que nada. Usted se sorprenderá de cuánta fuerza, confianza y orgullo sentirá con solo tocar un poco de su coraje interno oculto.

Ponga una tarjeta en la puerta de su nevera, en su espejo o en su cartera, que diga: ¡NADIE DIJO QUE SERÍA FÁCIL! A menudo, tenemos la presunción oculta de que las cosas *deberían* ser fáciles, que si nos enfrentamos a retos difíciles, quiere decir que somos malos de alguna manera, o que el mundo está en contra nuestra. Adoptando la postura de víctimas, encontraremos que es muy fácil caer y nunca descubrir cuán fuertes y creativos podemos ser. Cambiar no es fácil —nunca—. Pero cuando evitamos las dificultades, nunca conquistamos el miedo. Cuando nos enfrentamos a desafíos y vencemos, o cuando conquistamos el temor, experimentamos sentimientos de triunfo y maestría.

Deshágase de las pretensiones de que las cosas deberían ser fáciles, que solo la alientan a resistir las dificultades. Apártese de las posturas de: ¿No es horrible? y pobre de mí, en usted y en otros. Ser negativo es muy contagioso; así que, si es posible, evite rodearse de gente crónicamente negativa.

La resistencia magnifica el dolor

Que el ceder conquista la resistencia y lo suave conquista lo riguroso, es un hecho conocido por todos, pero jamás utilizado...

LAO TZU

En las clases de parto sin dolor se enseña a las futuras madres que el dolor de parto es mayor cuando uno se resiste y se tensa por el temor. Le dicen: «Inspire con la contracción» —no porque el inspirar profundamente quite el dolor, sino porque la relajación aumenta la capacidad para aceptar el dolor.

Entre personas que han sufrido pérdidas, encuentro que muchas tratan de resistir el dolor. Las aliento a que se dejen llevar, a relajarse ante la experiencia, a permitirse sentirlo y actuar. Frecuentemente, esto les sorprende, porque la gran mayoría ha aprendido a no manifestarlo.

¡La resistencia magnifica! Cuanto más resistimos a la gente y a las circunstancias, más atraemos lo que estamos tratando de resistir. Quizá es esto lo que quiso dar a entender Jesús cuando habló de poner la otra mejilla. La resistencia causa tensión. La tensión crea tirantez, rigidez, inflexibilidad, y el ser rígidos, tensos e inflexibles nos hace vulnerables. En una tormenta de viento, el pesado roble resiste y el sauce se dobla. Este no se interpone en el camino del viento, es más, permite que pase entre sus ramas y claramente tiene más oportunidades de salvación.

Recuerde esta fórmula:

Resistencia → Tensión → Inflexibilidad → Vulnerabilidad.

Cuando se sienta resistiendo (la tensión será el primer síntoma), tome consciencia de qué o a quién resiste. ¿Qué circunstancias, memorias, actitudes o relaciones la están amenazando dolorosamente? ¿Está usted magnificando el dolor a través de la resistencia?

Reconozca lo que descubre sobre los patrones de resistencia. Acepte luego que el origen del dolor existe y que usted se resiste a ello. Finalmente, elija dejarlo y actúe apropiadamente. La resistencia es una reacción ciega, no de libre elección. La libertad es creada por su habilidad para elegir la forma de actuar.

La resistencia también puede señalar la presencia de una lucha de poder: un deseo de estar siempre acertada, de probar algo, de estar controlada. La única manera de ganar una lucha de poder es dejarla. Resistir las opiniones y sentimientos de los demás es tan inútil como resistirnos a nosotras mismas. Cuando su marido está de mal humor y usted piensa que no debería estarlo y resiste, se sentirá peor y seguramente lo provocará más por este hecho. No hace falta que se quede por allí y aguante su malhumor. Solo él lo puede cambiar, así que ¿para qué resistir?

Sylvia odiaba que su marido estuviera constantemente llamándole la atención sobre su peso y que rara vez le dijera que la amaba. Entró en la variante de la lucha de poder, señalando cada pequeña prueba con que estaba equivocado y falto de cariño hacia ella. Con ánimo resistente no veía todas las cosas que él hacía por ella. Se convirtieron en dos boxeadores, dando golpes en el aire en sus respectivos rincones, anticipando el próximo asalto. Ambos sufrían.

A medida que ella tomó conciencia de que iba por el sendero destructivo, dejó gradualmente de resistir. No renunció a sus derechos, pero dejó de mortificar a su marido. Se tornó más flexible y así pudo expresar sus verdaderos sentimientos en vez de soltar su venganza.

Propuso sus necesidades, pero sin juzgar ni acusar. Cuando él no podía darle lo que necesitaba, ella se volvió creativa y capaz de llenar sus propias necesidades. Dejó de resistirse y eligió, en cambio, confeccionarse una mejor vida, no por resentimiento hacia él, sino por amor a sí misma.

A medida que ganaba independencia, comenzó a sentirse menos víctima de su marido y más capacitada para acercarse a él con amor. Él había estado resistiendo sus demandas amorosas, pero como ella pedia menos, él se sintió con más deseo de dar.

Jalil Gibrán escribió:

Tu dolor es el abrir de la concha
que encierra tu comprensión.

Como el hueso de la fruta debe romperse,
para que su corazón se someta al sol,
así debes conocer el dolor.

Si pudieras mantener tu corazón abierto
a las maravillas diarias de tu vida,
tu dolor no te parecería menos prodigioso que tu gozo.
Y aceptarás las estaciones de tu corazón,
así como siempre las has aceptado cuando pasan
sobre tus campos.

Mirarás con serenidad los inviernos de tu dolor.

Dese crédito

Recuerda, Ginger Rogers hacía todo lo que hacía Fred Astaire, pero lo hacía hacia atrás y con tacones.

FAITH WHITTLESEY

Nuestras vidas son como una cuenta bancaria donde hacemos depósitos y retiros. ¿Cuántas veces le da un crédito a la cuenta de su cuerpo, sentimientos, mente y espíritu? Todas tenemos una *cuenta de vida,* que frecuentemente agotamos o permitimos que otros gasten demasiado libremente. Para tener un «balance» cómodo y sin «números rojos» —experimentar frustración e ira— necesitamos darnos un crédito amplio y adeudar con cuidado en todas las áreas de nuestra vida.

Cuenta bancaria emocional

Débitos

Heridas sin cicatrizar.	Perfeccionismo.
Autocondena.	Aislamiento.
Exceso de trabajo.	Expectativas poco razonables.
Juzgar.	Resistencia.

Un balance de vida negativo da muchos débitos, lleva a sobregiros emocionales como:

Baja de la autoestima.	Depresión.
Sobrepeso.	Cansancio.
Dependencia emocional.	Apatía.
Infelicidad.	Enfermedad.

Haberes

Poner límites.	Curar viejas heridas.
Autoaceptación.	Amigos.
Ejercicio.	Soledad.
Escucharse a sí misma.	Amor.

Los haberes crean un balance de vida positivo y llevan a un superávit así:

Alta estima.   Autenticidad.
Energía.   Alegría.
Autoconfianza.   Curación.
Coraje.   Relaciones plenas.

EJEMPLOS DE DÉBITOS Y HABERES

Débitos:	*Haberes:*
«¡Qué tonta eres!»	«Todas cometemos errores; lo haré mejor la próxima vez.»
«Sí» (cuando quieras decir «no»).	«No, lo siento. No puedo hacer (——).»
Sentirse culpable.	Disculparse por afrentas y equivocaciones verdaderas.
«Todo va bien» (sonrisa falsa).	Ser sincera sobre tus sentimientos.
«No, no necesito nada.»	«Necesitaría un gran abrazo.»
«Nunca lo hago tan bien como (——).»	«¡Qué bien! Lo hice mejor que antes.»
Mensajes con Tú (decir cosas de las que luego te arrepientes).	Mensajes con Yo (nada de tonterías).
Demasiados compromisos y precipitaciones.	Metas y compromisos realistas.
No tener tiempo para sí misma.	Relajarse: tomarse el tiempo para aspirar el perfume de las flores.
Sentarse demasiado. Mucha televisión.	Ejercicio.
Concentrarse en sus fracasos.	Celebrar sus éxitos.

Usted sola está a cargo de su cuenta bancaria emocional. Solo se debe permitir a los demás ingresar o retirar de su cuenta siempre y cuando sea con su permiso.

Sea generosa con sus depósitos y frugal con sus retiros. ¡Nunca firme un cheque en blanco!

Nutrirnos de la superabundancia

Una parte importante de ser dueños de nuestra propia excelencia es nutrirnos a nosotras y a otros, y hacerlo de la mejor forma posible: dando *amor* y apoyo y no traficar.

Necesitamos juntar un superávit amplio en nuestra cuenta de vida para tener un remanente del que podamos dar libremente, sin expectativas o ligaduras. Una de las mejores maneras de incrementar nuestra cuenta es asegurarnos que estamos cuidando de todas las partes.

Para ayudarnos a medir si la cuenta tiene un buen balance diario, haremos un calendario así:

DÍA	1	2	3	4	5	6	7
FÍSICO							
EMOCIONAL							
MENTAL							
ESPIRITUAL							

Revise los cuatro cuadrantes de su ser: físico, emocional, mental y espiritual. ¿Está todo bien en cada una de estas áreas o hay algo que no va bien? Cada día tome nota de lo que ha hecho por sí misma en cada una de las cuatro áreas. Comprométase a prestar más tiempo y atención a las áreas que necesitan más de lo que les está dando normalmente. A medida que lo haga, se nutre a sí misma y tiene más para dar a otros.

Cuadrante físico

¿Está su cuerpo en buenas condiciones y saludable? Lo trata con el debido respeto? Intente realizar ejercicios de aeróbic cuatro veces a la semana; cuanto más, mejor —una caminata a la hora de la comida nos hará mejor que las infusiones de energía inmediata de cualquier bar—. Ser disciplinadas con el ejercicio es una de las cosas más difíciles, pero no sabotee sus buenas intenciones con excusas como no tengo tiempo o me veo muy mal con mallas. Es de llamar la atención la diferencia que existe cuando tenemos el cuerpo en buenas condiciones, ya que nos hace sentirnos confiadas y capaces. Dele una comida sana y un descanso reparador. No podemos andar (y muchas de nosotras correr) sin un carburante efectivo y restauradores periodos para repostar. Solo usted es el ingeniero de mantenimiento de su cuerpo —cuenta con usted.

Cuadrante emocional

¿Qué es lo que la alimenta emocionalmente? Probablemente cualquier cosa que incremente su entusiasmo, su alegría de vivir y sus sentimientos de amar y ser amada. Ya sea en una conversación con su pareja, amigos, hijos, un trabajo bien hecho, o reír sanamente: sus emociones necesitan nutrirse. ¿Necesita llorar? Bueno, ¿por qué no? ¿Necesita un aumento de sueldo? ¡Pida!

Escuche sus señales internas y sabrá cuándo necesita energía emocional, y luego encuentre una fuente positiva para llenar esas necesidades. Si el hablar con amigos la llena emocionalmente, regálese ese contacto. Todas somos diferentes, y solo nosotras sabemos qué es lo que mejor llena el cuadrante emocional de nuestras cuentas de vida. Así que debemos autorizarnos a guardar más reservas emocionales y encontrar la forma de infundirnos entusiasmo.

Cuadrante mental

Así como el cuerpo y las emociones necesitan ejercitarse y alimentarse bien, la mente también precisa nutrirse con ideas inspiradoras y desafiantes de libros y conversaciones. ¿Está su mente demasiado desocupada? ¿Son sus días repetitivos, predecibles y poco estimulantes? ¿Se encuentra exhausta y sentada frente al televisor? Mi teoría, que admito es parcial, es que demasiada televisión destruye las células del cerebro. Debemos dejar de drogarnos con ella o con hábitos opacos, ¡y sacudir las telarañas de la materia gris! Podemos aprender algo, leer un libro, hacer un crucigrama o practicar algún deporte. Nuestro cerebro puede ser un gran aliado en nuestras batallas con la dependencia, y además prospera con el ejercicio.

Cuadrante espiritual

Todos somos seres espirituales. Espiritual en este contexto no es igual a *religioso,* aunque nuestra religión puede serlo mucho. La fe dentro del espíritu es tan importante para nosotras en la búsqueda del coraje de ser nosotras mismas como lo es lo físico, la salud, la estabilidad emocional y la claridad mental.

La espiritualidad nos da paz mental y es, sobre todo, un sentimiento creciente de conexión con Dios como lo entendemos, sea

Él/Ella/Lo. El sentimiento conectado con una fuente superior a nosotras nos da el deseo de expresar amor y servicio a los demás. La alegría es una parte inherente de la verdadera espiritualidad cuando emana de la verdadera esencia del ser. Un paseo por un bosque, bella música o sentarse en silencio puede crear un sentimiento de equilibrio espiritual y armonía interior.

Para poder mantenerme equilibrada, debo pasar un tiempo todos los días con mis libros especiales, regando o meditando. Averigüe qué la alimenta espiritualmente, y tómese su tiempo para practicarlo diariamente. Nuestra espiritualidad es como el agua: la necesitamos para sobrevivir.

Equilibre sus cuadrantes

Hoy, gran parte de nuestra vida pasa dentro de las áreas físicas, mientras nuestros cuadrantes emocionales y espirituales se marchitan. Comprométase a invertir su energía en las cuatro áreas. Despacio y suavemente, haga los ajustes en su rutina diaria. Añada un poco de ejercicio, o unos minutos de soledad escuchando música inspiradora y curativa. Tome consciencia de su resistencia al cambio y no socave su éxito exigiendo lo imposible. Haga pequeños cambios, construya sobre sus éxitos y celebre cada cambio; así adquirirá expectativas positivas y energía para cambiar su rutina. Pronto se sentirá una persona distinta con una vida más interesante.

Cada una de estas cuatro áreas necesita una atención deliberada y consciente, si hemos de vivir como persona equilibrada y feliz. Sea bondadosa consigo misma, respetando cada uno de sus cuatro cuadrantes.

Llenar su propia cuenta de vida antes de llenar la de los demás lleva coraje porque parece contradecir los viejos dichos: piensa en los demás antes que en ti misma, y vive una vida de servicio y sacrificio. Poco tenemos para dar cuando nuestras propias cuentas de vida están peligrosamente mermadas. Cuando llenemos nuestras copas hasta desbordarse y lleguen a otros, entonces seremos capaces de dar más libremente y estaremos dispuestos. La gente sentirá que estamos compartiendo porque tenemos abundancia, así podrán recibir sin culpa u obligación. Estamos *dando* sin esperar ser retribuidas. ¡Amamos mejor por el desbordamiento!

CAPÍTULO 14

Conviértase en una amiga bondadosa
y tolerante consigo misma

Las flores son hermosas:
el amor es como una flor, como
la amistad es un árbol protector.

SAMUEL COLERIDGE

Está implícita en este libro la idea esencial: convertirse en una amiga bondadosa y tolerante consigo misma. ¿Actúa *usted* como un árbol protector en su vida? Tómese un momento para pensar cómo trata a sus amigos. ¿Expresa la misma bondad y consideración consigo misma? Muchas de nosotras tenemos creencias atávicas de que no nos merecemos ser amadas. «Ellos» se merecen amistad, pero por alguna razón misteriosa, nosotras no. Es una creencia falsa. Nos merecemos el amor. Sí, *nos* merecemos nuestro propio apoyo y amistad.

Una de las razones por las cuales nos es difícil ser amigas de nosotras mismas es porque no podemos perdonarnos por lo que pensamos que son nuestros pecados. Cuando evaluamos nuestra propia evolución en la vida, inmediatamente recordamos las obras de caridad, coraje o consideración que «debíamos» haber hecho, pero que no hicimos, o las cosas «malas» que *sí* hicimos. ¿Es esto justo?

Perdón

> *La niña que hay dentro de las mujeres es la que atisba y crece durante toda nuestra vida... Una de las labores de la adulta es protegernos de esos obstáculos y partes subdesarrolladas de nuestra naturaleza que hemos dejado de lado.*
>
> M. C. Richards

De acuerdo, hacemos cosas que requieren perdón. Elisabeth Ku-bler-Ross, una especialista en el campo de la muerte y el morir, llama a la Tierra «el planeta hospital». Todos estamos aquí para recobrar-nos y curar. Todos llevamos heridas internas. Todos andamos a tien-tas buscando lo que es bueno. El perdón crea un ambiente ideal para sanar.

Piense frecuentemente en su niña interna. Trátela con bondad, con perdón y tolerancia. Cuando tengo un fracaso, hago una tonte-ría o siento que necesito ser perdonada, deliberadamente pienso en mí misma como «Susie». Volver al nombre de mi niñez me ayuda a recordar mi niña pequeña interna y dulcifico mi actitud.

Una vez recibí un saludable botón de un sacerdote. Decía: «PFSPC DTNHTC», que descifrado quiere decir: ¡Por Favor, Sea Pa-ciente Conmigo, Dios Todavía No Ha Terminado Conmigo!

Siempre estamos hablando con nosotras mismas. Dentro de nuestra mente, creamos cuentos acerca de nosotras basados en expe-riencias recientes, así como del pasado. Tantas veces nos damos el pa-pel de la chica mala —esa niña taimada que no valía mucho, la que necesitaba ser perfecta para merecer vivir, la víctima, la falsa, la anta-gonista.

La gente que nos rodeaba cuando éramos jóvenes nos ayudaba a creer esas historias. Muchas familias tienen un «niño malo» y un «niño bueno», un «niño listo» y un «niño tonto», un «favorito de to-dos» y una «oveja negra», un «responsable» y un «bebé».

Inconscientemente, llevamos esas etiquetas hasta la madurez; pero ahora podemos reelegir y recrear nuestros cuentos. Podemos comenzar a contar historias sobre nosotras mismas que son positivas, alentadoras, compasivas, bondadosas, con fe y amor.

Compare:

¡Santo cielo, te has olvidado de enviar ese informe (haz algo, rápido)! ¿No puedes acordarte de nada? ¡Probablemente te estás volviendo senil! Últimamente estás atontada. ¡O estás enferma, o realmente estás perdida! ¡Por lo menos podrías recordar (——)!

Con:

Susie, realmente estás olvidadiza últimamente. ¿Qué es lo que te pasa? ¿Tienes demasiadas tareas, te sientes mal, o realmente estás agotada? Quizá es hora de que hagas algo especial por ti misma.

La primera historia es muy destructiva. Da paso al miedo, a la enfermedad o al fracaso, y definitivamente no conduce al perdón. La segunda es constructiva y manifiesta amor.

El subconsciente es como arcilla mojada: retiene la forma de todo lo que imprimimos en él. Por ejemplo, si nos contamos cuentos que implican el no merecimiento a ser amadas, tener éxito o perder peso, nuestro subconsciente nos mantendrá sin cariño, fracasadas y gorditas.

Cuéntese cuentos optimistas, realistas y amistosos. Evite tragedias y cuentos de hadas grandiosos en los cuales usted hace el papel de duende o de pobre víctima. Seguro, puede tener verrugas (¡yo también! Todas las tenemos), pero eso la hace candidata a sanarse, ¡no la convierte en sapo o bruja!

Sistemas de apoyo: Todas necesitamos ayuda

La paz entre las naciones debe descansar sobre una base sólida de amor entre individuos.

GANDHI

Nadie puede curar sus sentimientos de dolor, solamente usted, y es casi imposible hacerlo sola. Todas necesitamos ser escuchadas, apreciadas y guiadas. Muchas veces tenemos la nariz tan apretada contra el mapa que no podemos ver el camino a seguir. Una buena amiga y confidente puede ser nuestro mejor espejo —un segundo par de ojos, claros y objetivos, que observan una situación enturbiada.

El aislamiento mata. Sabemos, por estudios hechos, que los bebés y animales huérfanos se marchitan si no se les coge y abraza frecuentemente. El nombre clínico de este síntoma de desgaste es *fracaso en prosperar*. Aun de adultos, sin sistemas de apoyo, nosotras tampoco prosperamos.

El apoyo no es parcial. Si queremos recibirlo, debemos apoyar a otros. La mayoría de nosotras, sin embargo, como mujeres, esposas, madres, enfermeras, secretarias y otras hemos apoyado más de lo que lo hemos sido.

Una palabra de advertencia sobre apoyar y ser apoyada: una fuente sana de sostenimiento *aminora* nuestra pena, pero no la *lleva,* o trata de *curarla.* Ni en realidad podemos esperar llevar o curar el dolor de otra persona. Es fácil caer en la trampa de esperar pasivamente que otros hagan el trabajo de curarnos o tratar erróneamente de hacer esa tarea para otros.

Esté alerta a las señales de desequilibrio insano en sus relaciones de apoyo: fatiga y sentimiento de estar cargando con todos los problemas de los demás; o la tendencia de evitar a ciertas personas, sentirse impaciente o enfadada con ellas. Si nota estas reacciones, puede que esté llevando el dolor de otros como propio —quizá se siente responsable de su salvación—, que quiere decir que no está respetando sus propios límites y fronteras.

Contrariamente, si se siente enfadada, rechazada, victimizada o abandonada por su sistema de apoyo (o parte de él), pregúntese si ha estado esperando que aquellos que la apoyan lleven y curen su pena por usted. Cada persona es responsable de su propio dolor. Sienta *con* ellos, no *por* ellos. Cuide, no cure.

Extienda su sistema de apoyo. Regálese varias fuentes de consuelo y guía. Encontrar lugares y gente segura con quien se sienta libre para ser auténtica lleva tiempo, pero el esfuerzo bien vale la pena.

Ser contemplativo es estar cuidadosa y apaciblemente presente en nosotras mismas, no en inconsciente enfrascamiento, sino en quieta y amante observación.

MARV HILES

Obsérvese sincera y tranquilamente. Usted no está «terminada» todavía, y acaso no lo estará dentro de esta corta vida. Disfrute del proceso de recriarse y continuamente volver a crearse. Con humor, tolerancia y perdón, permítase ser transparente dentro de sistemas de apoyo seguros, que cuiden de usted y que le importen. Respétese convenientemente. El coraje de ser usted misma es una búsqueda, que se encuentra más fácilmente en un clima de tolerancia, aceptación y flexibilidad.

CAPÍTULO 15

Sea usted misma: Honre su pasado, su presente y su potencial

Pocas de nosotras viven más allá de tres veintenas y diez años, y, sin embargo, en ese breve tiempo la mayoría de nosotras crea y vive una biografía única y nos entretejemos en el paño de la historia de la humanidad.

ELISABETH KUBLER-ROSS

Ni nuestro pasado ni nuestro presente pueden describir nuestro potencial. Este es ilimitado; usamos solo una pequeña parte de nuestros recursos; el resto se atrofia por el miedo, la falta de autoaceptación y la poca habilidad para soñar.

Para tocar nuestro vasto potencial para la libertad y ser únicas, debemos comenzar por honrar nuestro pasado. Así haya sido seguro y vivificador o devastadoramente horrible, nos da los soportes para construir y diseñar nuestra vida. Si los soportes son defectuosos, es nuestra tarea transformarlos para que no nos impidan construir un presente libre y satisfactorio.

El único momento de la vida que realmente tenemos es el presente... este minuto, esta hora, este día. Todas las oportunidades nos invitan desde el centro de este momento. *Hoy* podemos mejorarnos en nuestras elecciones, defender nuestros derechos y favorecernos.

Mientras trabajamos para convertirnos en auténticas, cada día es una oportunidad para desarrollar el camino perfecto.

El pasado: Soportes de construcción.
El presente: Oportunidad.
El futuro: Potencial.

Una sabia y maravillosa mujer me dijo una vez: «El futuro depende de un pasado cicatrizado y un presente bien vivido». Honre su presente viviendo este día de manera que mañana pueda mirar hacia atrás y sentirse orgullosa. Elija bien hoy, y cada día aprenda de cualquiera de las fuentes que la inspiren a amarse tal cual es —sin terminar y todavía aprendiendo—. Aprenda a vivir con su pareja, familia, compañeros de trabajo y amigos como iguales, bondadosos y considerados.

Tiene el derecho, el privilegio y la responsabilidad de ser usted misma hoy.

A medida que obtiene el coraje de serlo y respeta su integridad, su potencial se cumplirá gradualmente. Desarrollará un equilibrio interno y una armonía que le permitirá encarar cualquier circunstancia. Se liberará de los miedos que la limitan y será capaz de amarse y servirse a sí misma y a otros, producto del desbordamiento de su propia abundancia.

Nuestras vidas y sentimientos tienen un flujo y reflujo natural —un ritmo que muchas veces estamos tentadas a resistir—. Pero no podemos oponernos con éxito a este ritmo más de lo que podemos detener el flujo y reflujo del océano. Es mucho mejor dejar que el océano tenga reflujo y, cuando la marea está baja, tener la oportunidad de encontrar las maravillas en las balsas que quedan.

Cuando podemos permitirnos nuestros flujos y reflujos únicos —nuestras noches y días, las estaciones de nuestro espíritu— y encontrar el coraje de explorar nuestros sentimientos en todos los niveles, encontraremos tesoros increíbles; descubriremos el coraje de ser nosotras mismas.

Sea bondadosa consigo misma. Crecer más allá de la dependencia emocional va gradualmente, paso a paso. Convertirnos en nosotras mismas —ser libres— es un proceso para toda la vida.

Madre Dios, ayúdame a ser cariñosa.
Padre Dios, ayúdame a ser útil.
Madre/Padre Dios, ayúdame a ser Yo;
una única y valiosa expresión de Ti.

Libros sugeridos

La siguiente lista es una recopilación de títulos de libros que, sugeridos por mis pacientes o amigas, han significado algo importante en la búsqueda del coraje de ser nosotras mismas.

Bartholomew: *I Come as a Brother*, High Mesa Press, 1982.

Lynn Z. Bloom, Karen Coburn, Joan Pearlman: *The New Assertive Woman*, Delacorte Press, 1975.

Nathaniel Branden: *Los seis pilares de la autoestima*, Paidós Ibérica, Barcelona, 2011.

—, *El respeto hacia uno mismo*, Paidós Ibérica, Barcelona, 2011.

Doug Boyd: *Rolling Thunder*, Delta, 1974.

Paula Caplan: *Don't Blame Mother: Healing the Mother-Daughter Relationship*, Harper and Row, 1989.

Dr. Pauline Rose Clance: *The Imposter Phenomenon*, Bantam Books, 1985.

Irene Claremont de Castillejo: *Knowing Woman*, Harper and Row, Nueva York, 1973.

Sally Conway: *You and Your Husband's Mid-Life Crisis*, David C. Cook Publishing Co., 1980.

Ram Dass y Paul Gormon: *How Can I Help?*, Alfred A. Knopf, 1985.

Colette Dowling: *The Cinderella complex: Women's Hidden Fear Of Independence*, Pocket Books, 1981.

Riane Eisler: *The Chalice and the Blade*, Harper and Row, 1987. (Edición española: *El cáliz y la espada*, Cuatro Vientos, Madrid, 2003.)

Marilyn Fergurson: *The aquarian Conspiracy,* Jeremy P. Tarcher, 1980. (Edición española: *La conspiración de acuario,* Kairós, Barcelona, 1998.)

—, *El mundo de acuario hoy,* Kairós, Barcelona, 2006.

Marilyn French: *The Woman's Room,* Jove Publications, 1977.

Nancy Friday: *My Mother/my self,* Delecorte Pres, 1977. (Edición española: *Mi madre, yo misma,* Argos Vergara, Barcelona, 1979.)

Sonya Friedman: *Smart Cookles Don't Crumble,* G. P. Putnam's Sons, 1985.

Elizabeth Gawain: *The Dolphin's Gift,* Whatever Publishlng, 1981.

Jalil Gibrán: *El profeta,* Editorial Edaf, Madrid, 2010.

Carol Gilligan: *In a Different Voice,* Harvard University Press, 1982.

Herb Goldberg: *The New Male,* Signet Booksm, 1979.

Lindsey Hall y Leigh Cohen: *Self Esteem: Tools for Recovery,* Gurze Books, 1991.

Louise Hart, Ph. D.: *The Winning Famili: Increasing Self-Esteem in Your Children and Yourself,* Lifeskills Press, 1990.

Louise Hay: *You Can Heal Your Life,* May House, 1988. (Edición española: *Meditaciones para sanar tu vida,* Urano, Barcelona, 1995.)

—, *Afirmaciones: cómo usar afirmaciones para cambiar tu vida,* Urano, Barcelona, 2004.

Jean Houston: *The Search for the Beloved,* Jeremy P. Tarcher, 1987. (Edición española: *Si quieres, es posible: una guía para alcanzar tu verdadero potencial,* Edaf, Madrid, 1998.)

Laura Archera Huxley: *You Are Not the Target,* Wilshire Book Co., 1963.

Gerald G. Jampolsky: *Love is Getting Qo of Fear,* Celestial Arts, 1979.

Karen Johnson: *Trusting Ourselves: The Sourcebook on Psychology of Women,* Atlantic Montlhy Press, 1990. Robert A. Johnson: *She,* Harper and Row, 1976.

—, *He,* Harper and Row, 1974.

C. G. Jung: *Memories, Dreams and Reflections,* Vintage Books, 1961. (Edición española: *Recuerdos, sueños, pensamientos,* Seix Barral, Barcelona, 2009.)

David Keirsey y Marilyn Bates: *Please Understand Me: Character and Temperament types,* Gnosology Books, Ltd., 1984.

Alexander Key: *The Strange White Doves,* The Westminster Press, 1972.

Serge King: *Mastering Your Hidden Self,* The Theosophical Publishing House, 1985.

Elisabeth Kübler-Ross: *On Death and Dying,* Macmillan, 1969. (Edición española: *Aprender a morir, aprender a vivir,* Editorial Sirpus, Barcelona, 2003.)

Mary La Croix: *The Remmant,* Avon, 1981.

Linda Schierse Leonard: *The Wounded Woman: Healing the Father-Daughter Relationship,* Shambhala, 1983. (Edición española: *La mujer herida: cómo sanar la relación padre-hija,* Obelisco, Barcelona, 2005.)

Harriet Goldhor Lerner, Ph. D.: *The Dance of Anger: A Woman's Guide to Changing the Patterns of Intimate Relationship,* Harper & Row, 1985.

—, *The Dance of Intimacy: A Woman's Quide To Courageous acts of Change in Key Relationship,* Harper & Row, 1989.

Eda LeShan: *On Living Your Life,* Harper & Row, 1982.

Stephen Levine: *Who Dies?,* Anchor Books, 1982.

Anne Morrow Lindberg: *Gift From the Sea,* Pantheon, 1955.

Matthew Mckay, Ph. D., y Patrick Fanning: *Prisoners of Belief: Esposing Changing Beliefs that Control Your Life,* New Harbinger, 1991.

—, *Self-Esteem,* New Harbinger, 1987. (Edición española: *Cree en ti, despierta tu autoestima,* Rotabook, Barcelona, 2000.)

Alice Miller: *The Drama of the Gifted Child,* Basic Books, 1981. (Edición española: *El drama del niño dotado y la búsqueda del verdadero yo,* Tusquets editores, Barcelona, 1998.)

Raymond A. Moody, MD.: *Vida después de la vida*, Editorial Edaf, Madrid, 2010.

—, *Reflexiones sobre vida después de la vida*, Editorial Edaf, Madrid, 2011.

Fierre Mornell, MD.: *Passive Men, Wild Women*, Ballantine Books, 1971.

John G. Neihardt: *Black Elk Speaks*, University of Mebrasca Press, 1961. (Edición española: *Alce Negro habla*, José J. de Olañeta, Palma de Mallorca, 2000.)

Stanlee Phelps y Nancy Austin: *The Assertive Woman*, Impact Publishing, 1975. (Edición española: *La mujer asertiva sabe lo que quiere*, Obelisco, Barcelona, 2008.)

Gabriele Lusser Rico: *Writing the Natural Way*, J. P. Tarcher, Inc., 1983.

Samuel M. Sandweiss: *Sai Baba: The Holy Man and The Psichiatrist*, Birth Day Publishing Co., 1975.

Virginia Satir: *Peoplemaking*, Sciene and Behavior, 1972. (Edición española: *Autoestima: el tesoro inagotable que hay dentro de ti*, Ediciones Neo-Person, Madrid, 2000.)

Joy Snell: *The Ministry of angels*, The Citadel Press, 1962.

Edith R. Stauffer: *Unconditional Love and Forgiveness*, Triangle Publishers, 1987.

Gloria Steinem: *Outrageus Acts and Everiday Rebellions*, New American Library, 1983. (Edición española: *Revolución desde dentro: un libro sobre la autoestima*, Círculo de Lectores, Barcelona, 1995.)

Jess Stern: *The Sleeping Prophet*, Doubleday and Co., Inc., 1967.

Thomas Sugrue: *There is a River: The Story of Edgar Cayce*, Laurel, 1942. (Edición española: *El río de mi vida: La historia de Edgar Cayce*, Ediciones Neo-Person, Madrid, 2007.)

Judy Tatelbaum: *The Courage to Grieve*, Harper & Row, 1980.

Sue Patton Thoele: *The Woman's Book of Courage: Meditations for Empowerment and Peace of Mind*, Canari Press, 1991. (Edición española: *Ser tú mismo: técnicas y meditaciones para aprender a confiar en nosotros mismos,* Obelisco, Barcelona, 2000.)

White Eagle: *The Quiet Mind,* The White Eagle Publishing Trust, 1972.

Virginia Woolf: *A room of One's Own,* Harcourt Brace Jovanovich, 1957. (Edición española: *Un cuarto propio,* Alianza Editorial, Madrid, 2010.)

Paramahansa Yogananda: *Autoblography of a Yogi,* Self Realization Fellowship, 1972. (Edición española: *Autobiografía de un yogi,* Ananda Ediciones, León, 2010.)

Nota personal de la autora

ESPERO que el leer *El coraje de ser tú misma* le haya ayudado a respetar, amar y apreciarse más y que le haya proporcionado una guía para ayudarla a expresar quién es *realmente*. Ser el mejor y más auténtico yo puede ser un regalo precioso para nosotras mismas y para el mundo en el que vivimos.

Si quiere compartir sus ideas y experiencias conmigo, me encantaría tener noticias suyas a través de mi página web.